HERMANN ARGELANDER
DAS ERSTINTERVIEW IN DER PSYCHOTHERAPIE

ERTRÄGE DER FORSCHUNG

Band 2

HERMANN ARGELANDER

DAS ERSTINTERVIEW
IN DER PSYCHOTHERAPIE

WISSENSCHAFTLICHE BUCHGESELLSCHAFT
DARMSTADT

CIP-Kurztitelaufnahme der Deutschen Bibliothek

Argelander, Hermann:
Das Erstinterview in der Psychotherapie /
Hermann Argelander. – 3., unveränd. Aufl. –
Darmstadt: Wiss. Buchges., 1987.
  (Erträge der Forschung; Bd. 2)
  ISBN 3-534-05252-8
NE: GT

1 2 3 4 5

wb Bestellnummer 05252-8

Das Werk ist in allen seinen Teilen urheberrechtlich geschützt.
Jede Verwertung ist ohne Zustimmung des Verlages unzulässig.
Das gilt insbesondere für Vervielfältigungen,
Übersetzungen, Mikroverfilmungen und die Einspeicherung
und Verarbeitung in elektronische Systeme.

3., unveränderte Auflage 1987
© 1970 by Wissenschaftliche Buchgesellschaft, Darmstadt
Satz: Carl Winter, Darmstadt
Druck und Einband: Wissenschaftliche Buchgesellschaft, Darmstadt
Printed in Germany
Schrift: Linotype Garamond, 9/11

ISSN 0174-0695
ISBN 3-534-05252-8

INHALTSVERZEICHNIS

Einleitung 9

Vorbemerkung 12

Die „ungewöhnliche Gesprächssituation" 16

Die Gesprächspartner, ihre Motivationen und Aufgaben . 22

Die Herstellung der Gesprächssituation 36

Der Patient, seine Krankheit und ihre Bedeutung . . . 45

Psycho-Logik, eine ungewöhnliche Form des Denkens . . 55

Die Dynamik der Gesprächssituation 63

Die Gestalt der Gesprächsinhalte 70

Die Auswirkungen der Gesprächssituation 79

Das Interview als Grenzsituation 87

Das diagnostische Interview 96

Das therapeutische Interview 103

Probleme der Ausbildung 108

Tatsache bleibt, daß die immerhin noch junge Wissenschaft und Technik der Psychotherapie einen ungeheuren Stoff an praktischer Erfahrung angesammelt hat, den es an den Studenten zu vermitteln gilt und der diesen natürlich für lange Zeit von seinen Lehrern abhängig macht. Die schließlich erworbenen Fertigkeiten und Kenntnisse sind nicht nur intellektueller Natur, sondern basieren auf der Fähigkeit, die eigene Person in einem umfassenden Sinne als Instrument zu nutzen, mit einem persönlichen Einsatz, der ein völlig anderes Engagement fordert, als es in den meisten anderen Wissenschaften der Fall ist.

(R. Ekstein u. R. S. Wallerstein:
The Teaching and Learning of Psychotherapy,
Basic Books, New York 1958, S. 53)

EINLEITUNG

Dem Vorschlag der Wissenschaftlichen Buchgesellschaft bin ich bereitwillig nachgekommen, eine Darstellung des Erstinterviews in der Psychotherapie nach dem heutigen Wissensstand vorzunehmen, nachdem ich mich 1967 in einer längeren Arbeit mit diesem Thema beschäftigt habe (Psyche, XXI, 1967, S. 341). Entgegen der ursprünglichen Absicht, eine sachgerechte Dokumentation der Erkenntnisse zu liefern, hat das Buch eine sehr persönliche Note angenommen. Hinter ihr verbergen sich unverkennbare Spuren einer ständigen Auseinandersetzung mit der sehr lebendigen Gruppe des Sigmund-Freud-Instituts. Wie man aus dem Vergleich beider Arbeiten ablesen kann, läßt das im Fluß befindliche Interesse eine abgeklärte Betrachtung dieses Themas vorerst noch nicht zu. Allein die Neueinführung einer Interviewbeobachtungssituation hinter einem „Spiegel" hat so viele neue Probleme aufgeworfen, daß die Gedanken dieser Arbeit unfertig und unabgeschlossen bleiben müssen. Gerade dafür bin ich allen Kollegen in unserem Hause, die sich an dieser gemeinsamen Aufgabe beteiligen, zu großem Dank verpflichtet. Mein Dank gilt ferner dem Direktor des Sigmund-Freud-Instituts, Herrn Professor Dr. A. Mitscherlich, für seine ständige Förderung unserer Bemühungen und den Patienten, von denen ich beim erneuten Überdenken unserer Gesprächserlebnisse viel lernen konnte.

Mit der vorliegenden Fassung habe ich mich bemüht, die wissenschaftliche Fachsprache der Psychoanalyse in anschauliche Gesprächssituationen zu transponieren und dabei mit einem Minimum an mehr oder weniger geläufigen Begriffen auszukommen, ohne Sachverhalte zu vereinfachen oder oberflächlich zu werden. Auf diese Weise hoffe ich den interessierten Leser darüber aufklären zu können, was heute ein Erstinterview leisten kann und welche vorgefaßten Meinungen und falschen Erwartungen nicht mehr am Platze sind. Vielleicht wächst auch das Verständnis für die schwierige und anspruchsvolle Tätigkeit des Psychotherapeuten und das Bewußtsein für die eigene Beteiligung an einem solchen Gespräch. Dem angehenden Psychotherapeuten möchte ich eine Einführung in die Interviewtechnik bieten, wenn er die Geduld hat, die vielschichtigen Ebenen des Verstehens mit seinen eigenen ersten Erfahrungen unter Anleitung zu verarbeiten. Die Ansprüche der Ausbildung werden mit Recht immer höher geschraubt, so daß der Anfänger sich nicht früh genug einen umfassenden Eindruck darüber verschaffen kann, was ihn in seiner zukünftigen Praxis erwartet.

Der Einblick in die verschiedenen Wahrnehmungs- und Denkprozesse des psychotherapeutischen Gespräches ist in der in sich abgeschlossenen ersten Kontaktaufnahme — dem Erstinterview — wegen seiner Überschaubarkeit besonders lehrreich. Das Hineinwachsen in die technische Praxis geht Hand in Hand mit der allgemeinen psychotherapeutischen Ausbildung. Die vorzeitige Aneignung nicht verdauten theoretischen Wissens bremst die volle Entfaltung des natürlichen psychologischen Wahrnehmungspotentials und verbildet es. In unserer Gruppenarbeit mit nicht vollausgebildeten Psychotherapeuten überraschte uns die spontane Fähigkeit zur mitmenschlichen Einfühlung. Sie tritt beim Vortragen von Gesprächen mit Patienten noch in einer erfrischend ursprünglichen Naivität zutage und erweist sich in diesem Zustand als außerordentlich bildungsfähig. Von dieser Erfahrung beeindruckt habe ich mich bemüht, gerade diese einfachen subjektiven Wahrnehmungen ins richtige Licht zu rücken, ohne dabei komplizierte Zusammenhänge zu verdunkeln.

Trotz der Fülle angehäuften Wissens stehen wir in unserem Fach immer noch an einem Ausgangspunkt, den Sigmund Freud in genialer Intuition markiert hat. Psychotherapie heißt auch heute, sich in die unerforschten seelischen Bereiche des Menschen vorzutasten und sich die Ehrfurcht vor geheimnisvollen und wunderbar verschlungenen Wegen menschlichen Erlebens ohne romantische Gefühlsduselei zu bewahren.

Die Abgrenzung des Erstinterviews als eigenes psychotherapeutisches Verfahren hat notwendige praktische und didaktische Gründe. Trotzdem bleibt es ein Bestandteil der Psychotherapie und kann deshalb auch beanspruchen, an allen neuen Erkenntnissen teilhaben zu dürfen und nicht auf einem vernachlässigten Abstellplatz einfacher biographischer Datenerhebung vergessen zu werden. Seine Durchführung bleibt dem gut ausgebildeten Psychotherapeuten vorbehalten.

VORBEMERKUNG

Für meine Aufgabe, eine ausführlichere Darstellung des Erstinterviews zu geben, schwebt mir nicht eine systematische Abhandlung technischer Einzelheiten oder praktischer Anweisungen vor, sondern die Vertiefung eines Interviewkonzeptes. Wenn mir dieses Vorhaben gelingt, werden daraus zwangsläufig Auswirkungen auf die Praxis resultieren. In diesem Sinne werde ich nun versuchen, ein modernes Konzept des Erstinterviews zu entwerfen.

Das definitive Ergebnis eines Erstinterviews kommt als das Resultat einer Materialverarbeitung von Interviewinformationen zustande. Diese Feststellung als Ausgangspunkt meiner Überlegungen macht einige grundsätzliche Definitionen notwendig. Nach meinen Beobachtungen stammen diese Informationen — etwas willkürlich abgegrenzt — aus drei verschiedenen Quellen. Sie werden nach ihrer Herkunft in der bisher üblichen Interviewpraxis sehr unterschiedlich bewertet, gegeneinander ausgespielt und z. T. sogar als unbrauchbar verworfen.

Zuerst haben wir die geläufigen *objektiven Informationen*. Bei ihnen handelt es sich um persönliche Angaben, biographische Fakten, bestimmte Verhaltensweisen oder Persönlichkeitseigentümlichkeiten, die jederzeit nachprüfbar sind. Diese Daten erhalten ihr Gewicht als psychologische Aussage durch eine Datenkonstellation und nehmen auf diese Weise den Charakter von objektiven Informationen an. So erscheint z. B. ein Patient zu einem Gespräch, weil eine Ehescheidung droht. Er besitzt ein drei Jahre altes Kind. Seine Eltern haben sich ebenfalls scheiden lassen, als er selbst ein Jahr alt war. Auf die Frage, seit wann er sich mit Scheidungsabsichten trage, antwortet der Patient: seit zwei Jahren.

Alle diese Daten sind im einzelnen nachprüfbar und wurden

zusammenhanglos im Ablauf des Gespräches geliefert. Aus ihnen ergibt sich eine Konstellation als psychologische Aussage in Form folgender objektiver Information: Der Patient trägt sich in einer Identifizierung mit seinen Eltern mit Scheidungsabsichten genau zu dem Zeitpunkt, an dem sein eigenes Kind das Alter erreicht hat (ein Jahr), das der Patient selbst hatte, als seine Eltern sich scheiden ließen. Die mit einer solchen Identifizierung verbundene Motivation ist für einen Psychologen gut einfühlbar. „Mein Kind soll es nicht besser haben als ich seinerzeit." Man kann sogar aus schriftlich festgehaltenen biographischen Daten solche Informationen erschließen, ohne an einem persönlichen Gespräch beteiligt zu sein.

Das entscheidende Instrument der Wahrnehmung dieser Zusammenhänge aus objektiven Daten ist das Fachwissen. Diese Informationsquelle wird am häufigsten benutzt. Ihre Daten sind nachprüfbar und absolut zuverlässig. Dagegen beinhalten die aus ihnen gewonnenen Informationen einen hohen Grad von Vieldeutigkeit. Die Verläßlichkeit der psychologischen Aussage hängt letztlich vom Fachwissen und der überzeugenden logischen Kombinationsfähigkeit ab. Als Kriterium für den relativen Wahrheitsgehalt der Interpretationen bietet sich die logische Evidenz an. Das Bild, das man auf diese Weise von der Persönlichkeit eines Patienten gewinnt, hat den Charakter einer Rekonstruktion und wirkt deshalb klischiert ohne die einmaligen Züge einer individuellen Persönlichkeit. Für wissenschaftliche Zwecke erweisen sich diese Rekonstruktionen als äußerst fruchtbar, haben aber für die Voraussage eines individuellen Behandlungsprozesses nur wenig Wert. Erkenntnisse basieren überwiegend auf intellektuellen Einsichten.

Als zweite Datenquelle nenne ich die *subjektiven Informationen*. Ihre Daten können mehr oder weniger verläßlich sein. Entscheidend ist ausschließlich die Bedeutung, die der Patient ihnen verleiht. Die Information, die sich aus dem Bedeutungszusammenhang der Daten ergibt, kann nicht vom Psychotherapeuten allein erschlossen werden, sondern nur die gemeinsame Arbeit mit dem Patienten macht sie erfahrbar. Das Instrument der Wahrnehmung der subjektiven Informationen beruht allein auf dem gekonnten Umgang mit dem Patienten in der Interviewsituation. Die einmal gewonnene Information ist absolut eindeutig, aber sehr schwer nachprüfbar. Das Kriterium für ihre Verläßlichkeit ist die situative Evidenz, das Gefühl einer prägnanten Übereinstimmung zwischen der Information und dem Geschehen in der Situation. Das Bild, das man vom Patienten gewinnt, ist sehr lebendig, aber allein auf die aktuelle Beziehungsebene des Interviews beschränkt, sehr geeignet für Voraussagen des Behandlungsprozesses, aber wegen seiner individuellen Züge und der Verhaftung an die aktuelle Situation schwer mit anderen Persönlichkeiten zu vergleichen. Ihr Erkenntniswert vollzieht sich mehr aus einer erlebnisverarbeitenden Einsicht (s. Beispiel aus dem ersten Kapitel).

Die szenische oder situative Information unterscheidet sich von der subjektiven nur durch eine Akzentverschiebung, die immerhin als so bedeutungsvoll anzusehen ist, daß sie einen eigenen Namen beanspruchen kann. Bei der subjektiven Information stehen noch die berichteten Daten im Vordergrund, denen der Patient eine subjektive Bedeutung verleiht. Die subjektive Bedeutung steht mit dem Geschehen der Situation in einem sekundären Zusammenhang und erhält von ihm seine Evidenz. Bei der szenischen Information dominiert das Erlebnis der Situation mit all seinen Gefühlsregungen und Vorstellungsabläufen – auch, wenn der Patient schweigt. Die Verbindung mit Daten ist der sekundäre Akt. Das Kriterium für die Verläßlichkeit der Information ist ebenfalls die situative Evidenz, die man bei Berücksichtigung der Schwerpunktsverlagerung auch als szenische Evidenz bezeichnen könnte, um wenigstens einen Unterschied in der Sprache zu machen. Eine solche Information ist praktisch niemals durch eine Wiederholung nachprüfbar und wird deshalb von den meisten Interviewern verworfen oder verschwiegen, obwohl sie für die Prognose des therapeutischen Prozesses am aufschlußreichsten ist. Das Instrument der Wahrnehmung ist einzig und allein die Persönlichkeit des Interviewers, eingesetzt und abgestimmt auf das unbewußte Beziehungsfeld mit dem Patienten. Bei dem zweiten Beispiel im ersten Kapitel kommt diese szenische Information gerade in Gang.

Die Zuverlässigkeit des gewonnenen Persönlichkeitsbildes und seiner psychischen Störungen wächst mit der Integration der Informationen aus allen drei Quellen, ein Ziel, das die unterschiedliche Bewertung der drei Informationsquellen und den fortwährenden Streit um ihre Brauchbarkeit aus dem Wege räumen kann.

DIE „UNGEWÖHNLICHE GESPRÄCHSSITUATION"

Der Psychotherapeut versteht unter einem Erstinterview eine erste und im allgemeinen einmalige, zeitlich begrenzte Gesprächssituation mit einem Patienten, die einem bestimmten Zweck dient. Die mit dem Interview verbundene Zielvorstellung ist das Thema dieses Buches. Die Definition setzt dem Gespräch klare Grenzen und soll verhindern, daß wir der reizvollen Verlockung nachgeben, uns in anders zu definierende Gesprächssituationen zu verlieren.

Der auf diese Weise abgesteckte Rahmen legt die äußeren Bedingungen der Gesprächssituation fest und wirkt — planmäßig eingesetzt — als technisches Prinzip, das den Aufbau des Gesprächs strukturiert. Aussehen, Verhaltensweisen, verbale Mitteilungen des Patienten und Ereignisse im Erstinterview verdichten sich durch diese äußeren Begrenzungen zu einer geschlossenen Aussage über die Persönlichkeit des Patienten. Bereits vor Beginn des Erstinterviews machen sich Einflüsse geltend, die aus den Vorstellungen und Vorurteilen über seelische Krankheiten und ihre Behandlung stammen und „Vorfeld"-Phänomene konstellieren. Sie äußern sich z. B. in der Art der Anmeldung und wirken in die Gesprächsgestaltung mit hinein. Das Gespräch selbst als Mitteilungs-, Kommunikations- und Erkenntnismittel ist nur ein, wenn auch zentraler Bestandteil dieser Situation. An einer kurzen Gesprächspassage aus einer psychotherapeutischen Stunde möchte ich als Auftakt deutlich machen, in welch ungewöhnlicher Form Mitteilungen und Geschehen in der Situation miteinander verquickt sind.

P.: „Es ist genau wie damals, als Sie 12 Jahre alt waren."

Pat.: „Natürlich, es wird mir jetzt auf einmal klar, daß es genau dasselbe ist."

Den Psychotherapeuten berührte diese Bestätigung eigenartig, weil der Patient ihm vor kurzem diesen Zusammenhang selbst berichtet hatte. Der Psychotherapeut hatte angenommen, er weise den Patienten nur auf etwas längst Bekanntes hin, und mußte nun einsehen, daß der Patient diesen Hinweis wie eine vollkommen neue Erkenntnis behandelte.

Nach der allgemein üblichen Gesprächserfahrung würde man den Schluß ziehen, daß dieser Patient vergeßlich oder verwirrt ist. Man würde ihn auf seinen Irrtum hinweisen oder sogar in einen Streit mit ihm darüber geraten, wer von beiden sich nun eigentlich getäuscht habe. Der Psychotherapeut bleibt nicht bei solchen scheinbar objektiven Betrachtungen stehen, sondern sucht immer und überall nach der *subjektiven Bedeutung* der Vorgänge. Auf dieser Spur lenkt er das Gespräch in eine unerwartete und ungewöhnliche Richtung.

P.: „Sie haben diesen bereits bekannten Zusammenhang aus der Erinnerung verloren, und ich habe ihn für Sie bewahrt."
Pat.: „Ja, jetzt fällt es mir ein, ich habe es Ihnen neulich selbst so erzählt."
P.: „Wenn ich es also für Sie aufbewahre, können Sie es als Ihr ‚Eigenes' wiedererkennen."

Das Gespräch erhält eine überraschende Wendung, die sich zwar völlig logisch ergibt und vom Gesprächspartner auch sofort verstanden wird, aber dem Außenstehenden befremdlich erscheinen muß. Man ist es nicht gewohnt, eine Aussage auf ihren subjektiven Sinn zu prüfen, und kommt deshalb nicht auf die Idee, daß eine scheinbar sinnlose Mitteilung eine unerwartete Bedeutung erhalten kann, wenn sie auf die Situation selbst bezogen wird. Gesprächssituation schließt eine ungewöhnliche Form der Wahrnehmung und des Denkens ein, eine Eigentümlichkeit, die wir nicht mehr aus den Augen verlieren wollen.

Der erste Teil der Gesprächspassage bezieht sich auf Gesprächsinhalte, der zweite auf den Ablauf der Situation selbst. Diese Transformation führt dazu, daß der Patient vom Bedeutungsgehalt seiner eigenen Äußerung überrascht wird. Daraus müssen wir schließen, daß dem Patienten der hintergründige Sinn seiner Aussage nicht bewußt war. Der Psychotherapeut hat ihm nur zum Verständnis einer Mitteilung verholfen, die der Patient unbewußt eingeleitet und zum Zweck einer besonderen Aussage über sich selbst verwendet hat. Sie lautet: „Ich kann etwas als ‚Eigenes' nicht wiedererkennen. Nur, wenn jemand es für mich aufbewahrt, kann ich es als etwas ‚Eigenes' neu identifizieren." Der Patient stellt damit seine Identitätsstörung einschließlich seiner großen Abhängigkeit von einem fremden Objekt in der Situation selbst dar. Beide Partner sprechen über ein Ereignis, das sich zwischen ihnen abspielt. Der Erkenntnisgehalt dieser unbewußten Information über die Krankheit des Patienten ist sehr hoch einzuschätzen und wäre verlorengegangen, wenn das Gespräch anders, d. h. im herkömmlichen Sinne verlaufen wäre.

Wichtige unbewußte Mitteilungen haben offensichtlich eine Tendenz, sich in der Gesprächssituation zu manifestieren. Die als Beispiel benutzte Gesprächspassage stammt wie gesagt nicht aus einem Interview, sondern aus einer Behandlungsstunde. Ich beeile mich deshalb, ein völlig neutrales Beispiel aus der Literatur zu suchen, um das eben Gesagte zu vertiefen[1]:

„Ein Herr, anfangs 60, Jurist in hoher Staatsstellung, kam, um in familiären Angelegenheiten Rat und Hilfe zu erlangen. Der Mann war trotz der bestehenden sommerlichen Hitze äußerst korrekt, beinahe feierlich gekleidet. Er schilderte zunächst den Grund seines Kommens und hatte sein ‚Referat' gründlich vorbereitet. Zudem benutzte er eine Art von Akte, um sich über für die psychologischen Zusammenhänge gänzlich unbedeutsame Daten exakt zu informieren und eventuell vorher Gesagtes zu korrigieren. Er wunderte sich etwas, daß der Interviewer für mitgebrachte Schriftstücke so wenig Interesse zeigte. Erst nach 25 Minuten ging der Ratsuchende auf seine Familienverhältnisse ein. Er gab von seiner Frau und den kleinen und teilweise auch schon erwachsenen Kindern kaum mehr als die Personalien an. Nun schwieg er und schaute erwartungsvoll auf den Interviewer."

[1] W. Schraml: Ebenen des klinischen Interviews. Separatabdruck aus: Person als Prozeß. Verlag Huber Bern/Stuttgart, 1968, S. 164.

W. Schraml gibt in diesem Bericht nicht das Gespräch, sondern die Gesprächssituation wieder, indem er seinen Eindruck von der Persönlichkeit und von ihrem individuellen Gesprächsverhalten beschreibt. Dabei macht er sich seine Gedanken:

„Dieser war durch den langen und gänzlich unergiebigen Sermon etwas verärgert, hatte das Stereotyp des trockenen Juristen diagnostiziert und fragte deshalb bewußt freundlich und milde, ob es denn nicht für Kinder, vor allem für Söhne schwer sei, einen so erfolgreichen und tüchtigen Vater zu haben, man könne ihn kaum erreichen, geschweige denn, ihn etwa überflügeln."

Diese Frage ist eine Deutung, weil sie eine Einsicht darüber vermitteln soll, wie schwer es Söhne mit einem solchen Vater haben. Der Interviewer greift Gesprächsinhalte auf und formuliert sie zu einer Frage; aber die Gewißheit, daß es sich wirklich so und nicht anders verhält, stammt aus dem Erlebnis der Gesprächssituation selbst. In ihr manifestiert sich unbewußt die bedeutungsvolle Mitteilung des Patienten: Ich bin ein so perfekter und unerreichbarer Mensch. Deshalb haben es alle schwer mit mir, und ich habe es schwer mit ihnen. Der vom Interviewer direkt erlebte Anteil der Frage: „Mit Ihnen hat man es schwer?", verfehlt nicht seine Wirkung.

„Das Gegenüber stutzte zunächst nach dieser unerwarteten und scheinbar auch nicht zur Sache gehörigen Bemerkung. Dann aber ging ein Leuchten über sein Gesicht, und er begann zu erzählen..."

Das Ungewöhnliche des Gesprächsverlaufes kommt durch das Einbeziehen der unmittelbaren Situation und der in ihr dargestellten unbewußten Mitteilung zustande. Die Situation selbst gewinnt ein Eigengewicht als Mitteilungsorgan, weil sie den Gesprächsinhalten eine eigene Bedeutung oder — wie im vorliegenden Fall — eine *Bedeutungsgewißheit* verleiht.

Ich habe aus didaktischen Gründen die Bedeutung von Gesprächsinhalten im Sinne objektiver Informationen oder „harter Daten" noch unerwähnt gelassen, um das situative Moment in den Vordergrund zu stellen. Aus dem letzten Beispiel läßt sich ableiten, daß wir aus dem „Gesamt" der objektiven, subjektiven und situativen Informationen eine integrierte „Persönlichkeitsgestalt" suchen, um dadurch den lästigen Streit um die Verfälschung der Daten im Bereich der Psychotherapie zu beenden. Die Daten aus diesen drei Informationsquellen enthalten scheinbar voneinander unabhängiges Material, das üblicherweise voneinander isoliert verwertet wird. Die Interpretation stützt sich vorwiegend auf solche subjektiven und situativen Informationen, deren Gehalt von objektiven Daten bestätigt wird. Im Gegensatz dazu führt die *Integration aller Daten* ohne Bevorzugung einzelner Aussagen zu einer neuen Informationsgestalt. Für den Psychotherapeuten ist dieses Vorgehen von existentieller Wichtigkeit, weil er die an unserem Beispiel erkennbaren bewußten und unbewußten Persönlichkeitsanteile zur Deckung bringen muß und weil sich im Interview zusätzlich dynamische Verlaufsgestalten ausbilden, die für die Beurteilung entscheidend sind.

Im Beispiel von Herrn Schraml hat der Interviewer die Dynamik der Gesprächssituation mit der Bemerkung berücksichtigt: „... vor allem für Söhne schwer sei, einen so erfolgreichen und tüchtigen Vater zu haben, man könne ihn kaum erreichen..." Die dynamische Verlaufsgestalt als Material zum Verständnis der spezifischen Persönlichkeit des Patienten ist viel differenzierter. Sie spiegelt sich in dem geduldigen Abwarten des Interviewers über 25 Minuten und seiner bewußt freundlichen und milden Reaktion auf die Eigenart des Patienten trotz seiner zunehmenden Verärgerung. Bei einem anderen Patienten würde der Interviewer auf die gleiche Verärgerung anders reagieren. Diese Reaktionsbildung, auf Verärgerung bewußt freundlich zu reagieren, stellt möglicherweise ein Charakteristikum der Zwangspersönlichkeit des Patienten dar.

Die Dynamik des Gesprächs erfährt eine Wendung, weil der Patient die Deutung verwerten und sein Verhalten ändern kann. Aus dieser Tatsache leitet sich eine weitere wichtige Information über die Flexibilität der Persönlichkeitsstruktur ab.

Die Bemühungen um Information sind nicht von den Erkenntnissen zu trennen, die sich aus den Beeinflussungsversuchen und den darauf *erfolgenden Reaktionen bei Patient und Interviewer ergeben.* Der Interviewer braucht ein klares Konzept und eine ausgefeilte Technik, um das Wechselspiel der unterschwelligen Spannungen in den Reaktionen beider Gesprächsteilnehmer zu reflektieren und mit den übrigen Daten zu integrieren.

Ein psychotherapeutisches Erstinterview kann heute ohne die Verwertung dieser vielfältigen Aspekte nicht mehr als vollständig angesehen werden. Es handelt sich dabei um eine folgenschwere Feststellung, weil von einem solchen Interviewverfahren eine Gesamtwirkung auf den Patienten ausgeht, auf die wir noch ausführlich zu sprechen kommen werden.

DIE GESPRÄCHSPARTNER,
IHRE MOTIVATIONEN UND AUFGABEN

Die an diesem Gespräch beteiligten Personen sind in ihren Rollen eindeutig festgelegt. Auf der einen Seite sehen wir den psychotherapeutischen Fachmann, der sich auf Grund seiner Ausbildung als qualifiziert ausweist, auf der anderen Seite den Patienten. Die Suchbewegung geht immer direkt oder indirekt vom Patienten aus, soweit es sich um ein vorher verabredetes Gespräch handelt. Auf andere Techniken, mit deren Hilfe zum Beispiel in der allgemeinen ärztlichen Praxis, in der Schule oder anderswo die ungewöhnliche Gesprächssituation spontan eingeleitet wird, wenn ein „Patient" sie durch „unbewußte" Angebote dringlich macht, möchte ich hier nicht eingehen. Ich denke als Beispiel an eine Mutter, die mit den banalen Krankheiten ihres Kindes immer wieder den Arzt behelligt, um ihn auf diese Weise auf sich selbst und ihre eigene Krankheit aufmerksam zu machen, ohne direkt von sich zu sprechen[1].

So eindeutig wie die Rollenbestimmung sollte auch der Anlaß sein, der die Suchbewegung des Patienten in Gang setzt. Er könnte etwa lauten: Bei den Anzeichen einer seelischen Erkrankung suche ich einen Psychotherapeuten auf. Diese einfache Regel steht im Widerspruch zu den alltäglichen persönlichen Erfahrungen, wie grotesk unterschiedlich Medizin, Psychologie und Psychotherapie über seelische Krankheiten denken, was die einzelnen Disziplinen, Schulen und Universitäten von ihr äußern und welche Behandlung sie vorschlagen. Bisher kamen die Patienten

---

[1] H. Argelander: Der „Patient" in der psychotherapeutischen Situation mit seinem behandelnden Arzt, Psyche XX (1966) S. 926. In dieser Arbeit finden sich auch weitere Hinweise auf Literatur, insbesondere auf die Arbeiten von M. Balint.

oft über viele Irrwege zu uns. Hinweise in der Zeitung, im Rundfunk, von Nachbarn, manchmal auch Empfehlungen ihrer behandelnden Ärzte leiteten sie dabei. In letzter Zeit beobachten wir allerdings auch Patienten, vorwiegend Angehörige der jüngeren Generation, die sich mit einer gewissen Selbstverständlichkeit an den Psychotherapeuten, d. h. an die zuständige Institution wenden, wenn sie Störungen oder seelische Krankheitserscheinungen an sich beobachten, die sie quälen oder ihre Leistungs- und Genußfähigkeit bedenklich einschränken. Wir wollen nicht hoffen, daß es sich hierbei um Vorläufer einer modischen Entwicklung handelt, bei der man sich als fortschrittlich auszuweisen glaubt, wenn man sich zu seinem Psychotherapeuten begibt. Möglicherweise setzt sich aber auch bereits der selbstverständliche Anspruch auf Behandlung im Falle von seelischer Krankheit durch; denn die Aufklärung läßt sich in diesem Sektor nicht mehr aufhalten und hat die Verleugnung seelischer Krankheiten schon soweit aufgehoben, daß ein Arzt sich unglaubwürdig macht, der einen Patienten mit Impotenz über das gebührende Maß hinaus körperlich untersucht, um um jeden Preis eine organische Ursache zu finden. Über diese sozialpsychologische Seite der Motivation wäre noch viel zu sagen, was aber den Rahmen dieses Buches sprengen würde. Den interessierten Leser verweise ich auf die Arbeiten A. Mitscherlichs und die dort angegebene Literatur[2].

Zusammenfassend muß man feststellen, daß der heutige Psychotherapiepatient seine Entscheidung für die Behandlung und seine Überzeugung von ihrer Wirksamkeit immer noch gegen seine gesellschaftliche Umwelt behaupten oder vor ihr verbergen muß, wenn auch in jeder Gesellschaftsschicht in unterschiedlichem Ausmaß. Dem entspricht auf der Seite des Therapeuten die völlige Unzulänglichkeit seiner Berufsordnung und die Unsicherheit seiner sozialen Existenz. Sein persönliches Prestige steht und fällt mit seiner überzeugenden Leistung. Er muß den Patienten

---

[2] A. Mitscherlich: Krankheit als Konflikt, Studien zur psychosomatischen Medizin I u. II, 1966 u. 1967. Suhrkamp-Verlag.

schon im Erstinterview für seine Methode gewinnen, da die Öffentlichkeit über den Streit der psychotherapeutischen Schulen informiert ist. An den Universitäten fehlt eine wissenschaftlich anerkannte Fachvertretung, die systematische Grundlagenforschung betreibt und eine einigermaßen verbindliche Lehrmeinung vertritt. Die verheerende Unwissenheit angeblich zuständiger Stellen (z. B. in der Begutachtung) trägt zur Verwirrung der Öffentlichkeit bei.

Ohne Zweifel befinden wir uns in einem gewaltigen gesellschaftlichen Umschichtungsprozeß, der erst langsam durch Abbau von Tabus die Forschungsmöglichkeiten bereitstellt, die der Patient von heute bereits fordert; denn er wartet geduldig auf den langen Listen der psychotherapeutischen Institutionen und Praxen und erweist sich im intimen psychotherapeutischen Gespräch den Auffassungen seiner Zeit und dem öffentlichen Bewußtsein voraus.

Eingebettet in diesen gesellschaftspolitischen Hintergrund und von ihm keineswegs unbeeinflußt, muß der Interviewer seine Aufgabe behaupten. Erfreulicherweise ist die Motivation des individuellen Patienten besser, als es das gesellschaftliche Klischee vorspiegelt, weil sich mit seiner persönlichen Motivation Leiden verbindet. M. Muck und J. Paál haben in einer kleinen Studie[3] festgestellt, daß erst die Kombination von Leidensdruck und Motivation die besten Voraussetzungen für eine psychotherapeutische Behandlung bietet. Die anfängliche Annahme: „wer Anzeichen einer seelischen Erkrankung bei sich feststellt oder unter ihr leidet, sollte einen Psychotherapeuten aufsuchen", erweist sich damit als unzureichend — unabhängig von der öffentlichen Meinung über die Psychotherapie. Diese Annahme ist der Vorstellung nachgebildet, auch seelische Krankheit befalle den Menschen wie eine Infektion oder eine Störung des Stoffwechsels, des Hormonsystems usw. und werde entsprechend dem Therapeuten als der zuständigen Institution offeriert. Der Patient, der

[3] M. Muck u. J. Paál: Kriterien der Behandelbarkeit und ihre Feststellung im Vorinterview, Psyche XXII (1968) S. 770.

Träger dieser Krankheit, sei zwar das unmittelbar betroffene Opfer, habe aber sonst nicht viel mit ihr gemein. Selbst bei ausgeprägtem Leidensdruck wird diese klare und verständliche Motivation keine guten Voraussetzungen für eine Behandlung schaffen, wenn sie auch durch das öffentliche Bewußtsein legitimiert wird.

Diese Feststellung ist schwer zu erklären, ohne in einen Exkurs über das Wesen seelischer Krankheit und die Leibseeleeinheit des Menschen zu geraten. Wir sollten uns an dieser Stelle daran erinnern, daß wir das „Ungewöhnliche" der psychotherapeutischen Gesprächssituation nicht aus den Augen verlieren wollten. Der Patient im Beispiel von Herrn Schraml hatte familiäre Schwierigkeiten und suchte folgerichtig einen Psychotherapeuten auf. Er bereitete sich offenbar sehr gründlich auf dieses Gespräch vor, verfügte also über eine gute bewußte Motivation. In der Gesprächssituation kristallisierte sich heraus, daß das aus dieser Motivation abgeleitete Verhalten genau sein Problem darstellte, das ihn in Schwierigkeiten mit seinen Mitmenschen brachte. Die bewußte Motivation muß also an einer Bewertungsskala gemessen werden, die sich am Verständnis für die psychologische Dimension und an der Einsicht in psychische Zusammenhänge orientiert. M. Muck und J. Paál werten in diesem Sinne Aussagen wie: „Patient möchte eine Analyse, um seine Probleme besser verstehen zu lernen" oder „Der Patient möchte nicht mit Tabletten, sondern mit seelischen Mitteln behandelt werden" als Ausdruck einer starken bewußten Motivation (+), dagegen Aussagen wie: „Der Patient sucht Hilfe", „Der Patient erwartet von uns die Lösung seiner Probleme", „Klärung der äußeren Situation" als den einer geringen (0), Aussagen wie: „Der Patient möchte somatische Behandlung — er meint, keine Probleme zu haben" als den einer zu geringen Motivation (−). Diese Beispiele stammen aus der Praxis und lassen sich beliebig vermehren. Ihre Bewertung hat eine praktische Bedeutung, trifft aber unser kompliziertes Motivationsproblem noch nicht genau, weil die unbewußte Motivation fehlt. Im Beispiel von Herrn Schraml reagierte der Patient auf die Intervention des Interviewers:

„Mit Ihnen hat man es schwer, weil Sie so erfolgreich und tüchtig sind und man Sie kaum erreichen kann", mit einer Veränderung seines Verhaltens; er wurde menschlicher und die Schilderung seiner Beziehungspersonen lebendiger. Man muß sich klarmachen, daß diese Veränderung nicht notwendigerweise eintreten mußte. Die Tatsache der Veränderung besagt, daß der Patient nicht ein im juristischen Stereotyp erstarrter Charakter war, sondern unbewußt dieses Stereotyp mit seiner hintergründigen psychologischen Bedeutung wie „Perfektionismus, Unerreichbarkeit, Überlegenheit" als sein Problem offerierte und es — darauf angesprochen — erleichtert fallenlassen konnte. Dieser Patient war also unbewußt für eine Behandlung viel besser motiviert, als es seine falsch verstandene bewußte Motivation erwarten ließ.

Während die bewußte Motivation im Gespräch an Äußerungen ablesbar ist, verrät sich die unbewußte Motivation an den Arrangements in der ungewöhnlichen Gesprächssituation selbst. Mit unbewußter Motivation sind hier nur die mit der Krankheit verbundenen unbewußten Willens- und Entscheidungsmomente gemeint, die indirekt eine Behandlungsbereitschaft erkennen lassen, nicht aber die unbewußten Wünsche, die an die Behandlung geknüpft sind. Nehmen wir einmal an, dieser Patient besäße einen zwanghaft perfektionistischen Charakter, hätte in seiner Familie bereits die negativen Seiten dieses Charakters kennengelernt und sich ein Stück weit von ihnen distanziert. Aus diesem Grunde ließe er nun seine Akte zu Hause, gäbe sich betont spontan und wirke in seinen Äußerungen und Erwartungen gut motiviert, könne aber auf eine Intervention nichts Neues gestalten, sondern bliebe starr und monoton bei seinem korrigierten Verhalten. Er kann sich also nicht wirklich auf eine Situation umstellen und in ihr unbewußte Vorgänge zur Darstellung bringen. Trotz seiner gewonnenen psychologischen Einsichten, die sogar sein Gesamtverhalten korrigieren, bleibt die unbewußte Motivation unbefriedigend.

Motivation umfaßt also in der Psychotherapie sowohl den bewußten als auch den unbewußten Anteil, weil erst beide zusammen ein klares Bild von der Berechtigung des Anspruchs auf eine psychotherapeutische Behandlung ergeben. Motivation schließt deshalb die Persönlichkeitsstruktur und eine Reihe unabdingbarer persönlicher Fähigkeiten in abgestuftem Ausmaß mit ein. Sie müssen vorhanden oder zumindest in der Gesprächssituation weckbar sein, wenn Psychotherapie als eine Behandlungsform angestrebt wird, in der sich zwei Gesprächspartner in einer ungewöhnlichen Situation zu Einsichten verhelfen wollen, um aus ihnen Konsequenzen zu ziehen.

Eine gute Motivation wird indirekt ergänzt durch Intelligenz, Realitätsbewußtsein, psychologisches Denkvermögen, Aktivität, Krankheitseinsicht, Einfühlungsvermögen, innere Flexibilität, Fähigkeit, eine Objektbeziehung in einer aktuellen Situation zu gestalten usw. Je mehr man sich in diese Zusammenhänge vertieft, um so deutlicher kommt zum Ausdruck, daß äußere Bedingungen wie gesellschaftliches Bewußtsein, Aufklärung und wissenschaftlicher Standort nicht vom Wesen der individuellen Persönlichkeit getrennt gesehen werden können. Unbewußte Motivation und Krankheit stehen in einer Wechselbeziehung zueinander. Darüber hinaus läßt sich Krankheit sogar an der unbewußten Motivation typisieren, wenn es erlaubt ist, mit dem Krankheitsbegriff in so großzügiger Weise zu operieren.

Ich habe an Hand einer größeren Zahl von Interviewprotokollen diese Verflechtung von bewußter und unbewußter Motivation einerseits und Krankheit andererseits als Typisierung herauszuarbeiten versucht[4]. Diese Typisierung verhilft zu einer groben praktischen Orientierung, die sich bewährt hat, aber einer weiteren differenzierten Aufarbeitung bedarf. Wenn ich jetzt zu diesem Typisierungsversuch übergehe und versuche, seine ersten Ergebnisse aufzuzeigen, muß ich noch einmal betonen, daß es sich allein um Formulierungen des Materials aus dem „Vorfeld" des Interviews handelt, d. h., Krankheit wird allein aus dem Material dieses Vorfelds definiert.

---

[4] H. Argelander: Das Erstinterview in der Psychotherapie, Psyche XXI (1967) S. 473.

1

Den ersten Typus nannte ich den *vorgeschickten* oder *vorgeschobenen* Patienten; denn er kommt nicht aus eigener Initiative, sondern auf Drängen einer anderen Person, zum Beispiel eines Elternteiles, eines Ehepartners usw. Offenbar sind andere Personen an seiner Behandlung mehr interessiert als der Patient selbst. Oft gehen seinem Erscheinen mehrere Telefonate mit diesen anderen Personen voraus. Kaum ist das Interview beendet, möchte diese andere Person wissen, was die Untersuchung des Patienten ergeben hat und was nun im einzelnen geschehen soll. Die bewußte Motivation dieses Patienten ist natürlich schwach. Auch fehlt nach der Definition dieses Typus ein persönlicher Leidensdruck und Behandlungs- und damit Gesprächsbereitschaft überhaupt. Seine „Krankheit" besteht darin, daß er als das Symptom einer „sozialen" Krankheit präsentiert wird, wobei soziale Krankheit lediglich meint, das sichtbare Phänomen „vorgeschickt zu werden" entspringt der Dynamik eines Krankheitsgeschehens, welches mehrere Personen umfaßt und deshalb im Prozeß eines sozialen Feldes ausgetragen wird. Diese Definition berührt nicht die Grundproblematik der sozialen Verflechtung seelischer Krankheit allgemein. Man kann diese Krankheit mit einer Infektion vergleichen, die mehrere Personen ansteckt und in ihrem Bann hält. Aber nicht alle Infizierten fühlen sich gleich krank, sondern sie einigen sich untereinander darüber, wer nach ihrer Meinung krank ist und zum Arzt geschickt werden soll. Manchmal ist der Patient das „Opfer" dieser Krankheit, auf dessen Kosten sich die anderen entlastet fühlen. Deshalb muß bei dieser Konstellation jeder Behandlungsversuch an ihm scheitern, weil sonst das auf diese Weise stabilisierte gesamte Krankheitsgefüge aller an ihr Beteiligten gestört wird. Manchmal verkörpert der vorgeschickte Patient aber auch ein alarmierendes Signal für das Vorhandensein dieser mehrere Personen unmittelbar strapazierenden Krankheitsdynamik, so daß die Behandlungsbereitschaft eines einzelnen oder sogar mehrerer im Grunde größer ist, als man vermutet. Anfangs habe ich diesen Typus als prognostisch ungünstig angesehen, bis mich eine Nachprüfung stutzig machte. Aus 100 unausgewählten Interviews konnte ich 5 Fälle dieses Typus isolieren und war erstaunt, daß 4 von ihnen nach Abwicklung des gesamten Untersuchungsverfahrens als geeignet für eine psychotherapeutische Behandlung aufgefaßt wurden. Hierbei muß sich die unbewußte Motivation vorteilhafter ausgewirkt haben, als es die äußeren Umstände vermuten ließen.

Dieser Typus verlangt eine eigene Interviewtechnik. Bei ihr kommt es zunächst darauf an, den Patienten aus seiner passiven Rolle zu lösen und auf sich und seinen eigenen aktiven Anteil an dieser „sozialen" Krankheit einzustellen. Dabei zeigt es sich, daß hinter diesem Typus sehr verschiedenartige Persönlichkeitsstrukturen zu finden sind, die von der Dynamik des sozialen Feldes überspielt und damit äußerlich klischeehaft überformt wurden.

Wenn die Angehörigen die Beschäftigung mit dem Patienten durch ihre Einmischung zu sehr stören, empfiehlt es sich, ihnen ebenfalls einen Termin anzubieten, um mit ihnen darüber zu sprechen, was die Krankheit für sie persönlich bedeutet. Bei Einhaltung dieser Technik, die auf jeden Fall vermeidet, mit dem Angehörigen über den Patienten zu sprechen, kann man die interessantesten Beobachtungen machen. Aus rein semantischen Gründen bezeichnen wir den zuerst Untersuchten als den Patienten und den nachträglich Gesehenen als den Angehörigen. Oft stellt sich dann die wichtige Frage, wer von allen der geeignete „Patient" für eine Behandlung sei — eine Fragestellung, die wir aus der Kindertherapie hinreichend kennen. Besonders für Interviewer, die Schwierigkeiten haben, in der „Gesprächssituation" zu arbeiten und deshalb dazu neigen, objektive Daten überzubewerten und sich in einer Art Parteinahme mit dem Patienten ein Bild von den „schrecklichen" Angehörigen zu machen, sind ein korrigierendes Gespräch und ein persönlicher Eindruck vom Angehörigen sehr lehrreich. Oft genügt es schon, wenn ein Kollege dieses Angehörigeninterview durchführt und beide dann über ihre Interviewergebnisse diskutieren. Natürlich liegt es nahe, diese Krankheit im sozialen Feld mit direkteren Methoden anzugehen, zum Beispiel „das Ehepaar" gemeinsam in der Gesprächssituation zu beobachten und die diagnostische Wahrnehmung auf das Konfliktgeschehen zwischen diesen beiden, d. h. auf ihre Ehe einzustellen. Der Untersuchungsgegenstand ist dann nicht mehr eine kranke Person, sondern zum Beispiel eine kranke Ehe. Dieser Patiententypus erweitert aus definitorischen Gründen das psychotherapeutische Arbeitsfeld, das an vielen Institutionen mit großem Interesse studiert wird. (Ehepaar-Familientherapie.)

2

Einen anderen Typus, der sich in einer unverkennbaren Weise in die Gesprächssituation einführt und auf diese einen starken Einfluß ausübt, habe ich als den *anspruchsvollen* Patienten bezeichnet. Häufig hat er schon mehrere Behandlungsversuche hinter sich und beschäftigt den Interviewer oder seine Institution vorzeitig mit Telefonaten oder Briefen, in denen er Forderungen oder Wünsche geltend macht. So möchte er zum Beispiel gern einen älteren, besonders erfahrenen und gütigen Interviewer haben. Dem hohen Anspruch widerspricht ein mangelhafter persönlicher Einsatz. Zum ersten verabredeten Termin erscheint er oft nicht oder kommt zu spät, kann sich am Ende des Gespräches nur schwer vom Interviewer lösen und möchte diesen am liebsten für alle möglichen realen Hilfeleistungen in Anspruch nehmen. Dieser Patiententypus ist so mit sich selbst beschäftigt, daß er sich in die Situation des Interviewers kaum hineindenken kann. Deshalb ist er auch schnell gekränkt oder enttäuscht, fühlt sich falsch verstanden und beschwert sich manchmal. Wenn er bezahlen soll, ist er in extremen Fällen unauffindbar oder verfügt über kein Geld. Meist entpuppt sich erst an dieser Stelle die wirkliche Armseligkeit seiner realen Existenz, die sich hinter seinen hohen Ansprüchen verbirgt. Die Diskrepanz zwischen Anspruchsverhalten und persönlichen Möglichkeiten ist das Kriterium für diesen Typus. Hinter diesem Verhalten verstecken sich Menschen mit gestörten Realitätsbeziehungen, die trotz ihres hohen Anspruchs ein elendes Dasein führen. In der Gesprächssituation sind sie unzuverlässig und unkontrollierbar, erwecken meist Mitleidsreaktionen, die ihre richtige Einschätzung trüben. Manchmal sieht sich der Interviewer auf Grund induzierter Schuldgefühle veranlaßt, therapeutische Maßnahmen einzuleiten, die häufig mit einer Enttäuschung enden. Nicht selten weist dieser Typus psychopathische Züge auf. In diesem Fall begeht er kleine oder grobe Taktlosigkeiten und provoziert eine unterschwellige oder offene Ablehnung. Der Patient wirkt auf den Interviewer unsympathisch. Meist ist der Interviewer versucht, sich gegen dieses Gefühl zu wehren, weil der Patient auf Grund seines Schicksals eher Teilnahme oder Hilfsbereitschaft verdient. Diese Patienten warten mit dramatischen psychischen Syndromen auf, haben eine schillernde und bewegte Krankheitsgeschichte, aber sie verfügen trotz ihres Leidens nicht über eine wirkliche Krankheitseinsicht. Sie gehen selten geordnete Behandlungen ein und sind in der Mehrzahl bei kritischer Sicht auch nicht für eine psychotherapeutische Behandlung im analytischen Sinne geeignet. Obwohl sich hinter diesem Typus verschiedene Persönlichkeitsstrukturen mit sehr unterschiedlichen Syndromen verbergen, ist das Hauptkennzeichen eine psychopathologische Störung der narzißtischen Entwicklung mit übersteigertem Anspruchsverhalten und falscher objektiver Selbsteinschätzung.

Bei der relativ hohen Zahl von 15 Patienten, die ich aus den 100 unausgewählten Interviews herausfinden konnte, war das gestörte Taktgefühl ein Leitmerkmal. Offensichtlich fällt dieses Merkmal dem Interviewer als Charakteristikum besonders leicht auf. 10 Patienten hatten bereits erfolglose Behandlungen hinter sich. Diese Patienten können keine negativen Erfahrungen für sich verwerten, sondern projizieren ständig, neigen zum Agieren und bleiben unzuverlässig. Oft haben sie sehr eigenwillige Vorstellungen von ihrer Krankheit und deren Behandlung, sind andererseits zu schnell für eine Behandlung zu gewinnen, können aber in ihr keine Konstanz entwickeln und keine Enttäuschungen und Frustrationen verkraften. Ihr scheinbares psychologisches Verständnis ist sehr stark emotionell aufgeladen.

Ein Gegentyp zu diesem dramatischen und anspruchsvollen Patienten ist der [*anspruchslose* oder] *unergiebige* Patient. Seine Symptomatik erschöpft sich in funktionellen Syndromen. Für seine Hemmungen, Verhaltensstereotypien und Ich- bzw. Lebenseinschränkungen hat er kein Problembewußtsein. Deshalb wirkt er farblos, spröde und in seinen unbewußten psychischen Gesprächsmanifestationen uninteressant und langweilig. Dieser Typ kann den Interviewer im Gespräch nicht fesseln und faszinieren, sondern verbreitet statt dessen eine lähmende oder lustlose Atmosphäre um sich und ist ausdrucksgehemmt.

Obwohl wir diesen Typus schon kannten und für ihn und seine Besonderheit aufgeschlossen waren, hat er uns in seiner Monotonie fast zur Verzweiflung gebracht, als wir bei einer psychosomatischen Studie über die Amenorrhoe auf eine „Reinkultur dieses Typus" stießen[5]. Das entscheidende Kriterium für ihn ist die Isolierung der Symptomatik auf ein funktionelles Syndrom, zum Beispiel Obstipation, Stottern, Anorexie usw. Bei diesem Patienten scheint die gesamte Emotionalität in diesem Symptom eingefroren zu sein. Die bewußte Motivation basiert meistens auf der negativen Erfahrung vorangegangener somatischer Behandlungsversuche ohne bewußte Krankheitseinsicht in psychische Zusammenhänge. Diese Patienten sind die großen Verleugner ihres eigenen seelischen Lebens, sie sind emotionell starr und ohne echte Ansprüche auf die Verwirklichung persönlicher Bedürfnisse.

In der Interviewsituation errichten sie eine Barriere um sich und sind zu eigenen Aktivitäten auf die Ziele des Gespräches hin vollkommen unfähig. Wie bei allen Typisierungen finden wir auch bei ihnen Übergangsformen, die unter dem Gespräch oder danach auftauen und dann erst ein reiches und vielfältiges

---

[5] L. Rosenkötter, Cl. de Boor, Z. Erdély u. J. Matthes: Psychoanalytische Untersuchungen von Patientinnen mit funktioneller Amenorrhoe, Psyche XXII (1968) S. 838.

Innenleben erkennen lassen. Die Technik des Interviews muß sich auf diesen spezifischen Widerstand einstellen, bleibt aber ein mühsames Unterfangen, wenn man sich nicht für diese spezifische Form des Widerstandes interessiert. Im letzten Fall stößt man auf unbewußte Motivationen, die diesem Widerstandsverhalten einen eigenen Sinn geben und den Patienten doch noch für eine Behandlung geeignet erscheinen lassen können. Bei einer Nachprüfung von 10 unergiebigen Patienten nach Abschluß unseres Untersuchungsverfahrens mußte ich feststellen, daß 7 von ihnen als geeignet angesehen wurden, obwohl diese Patienten keine bewußte Krankheitseinsicht und Behandlungsbereitschaft erkennen ließen. Diese Patientengruppe verlangt bereits im Erstinterview psychotherapeutische Widerstandsarbeit, das heißt, sie verkörpert den Typus, bei dem im Verlauf eines Interviews am schwersten diagnostische und therapeutische Aktivitäten voneinander zu trennen sind — ein Problem, auf das wir noch ausführlich zu sprechen kommen werden.

4

Eine letzte abgrenzbare und offensichtlich im Zunehmen begriffene Gruppe bildet den Typus des *aufgeklärten* Patienten. Seine Motivation wird von seinem Wissen, dem Grad seines Aufgeklärtseins und seinem Bedürfnis nach Wissen bestimmt. Er hat meistens schon an sich selbst gearbeitet und benutzt ein entsprechendes Vokabular, das aus der Literatur, seinem Beruf oder früheren Behandlungen stammt. Im Gegensatz zum anspruchsvollen Patienten kokettiert er nicht mit diesem Wissen, sondern meint es ernst. Sein Wissen wird von starken intellektuellen Bedürfnissen getragen, strebt nach Vervollkommnung, manchmal nach absoluter Perfektion. Dieser hochgezüchteten und meist sehr differenzierten Intellektualität steht ein abgeriegeltes, verkümmertes und schwer zugängliches Gefühlsleben gegenüber. Bei seiner Begabung und seinem geschulten Intellekt ist sein Anspruch gerechtfertigt und entspricht seiner persönlichen

Einsatzbereitschaft. Einmal überzeugt, stellt er sich auf alles ein, was erforderlich ist. Er läßt sich die Behandlung etwas kosten und ist ehrlich bemüht, seine eigenen Möglichkeiten für sie einzusetzen. Vielen erscheint dieser Typus als der ideale Patient, bis sich herausstellt, daß hinter seiner geistigen Beweglichkeit, seinem echten Interesse und seinen überzeugenden bewußten Motivationen fast unüberwindliche Schranken das Gefühlsleben abschirmen — unüberwindlich, weil die von Gefühlen getragenen Objektbeziehungen frühzeitig niedergehalten und noch mit den sie begleitenden infantilen Ängsten verhaftet sind. So erlebt man es sehr häufig, daß Trennungsängste die Befriedigungsmöglichkeiten in der Objektbeziehung zurücktreten lassen zugunsten der Bewunderung der strahlenden Intelligenz und der Dokumentation seiner Macht. Diesen Typus findet man häufig in hohen und verantwortlichen Stellen. Die Patienten lernen aus dem Gespräch, nutzen ihr Wissen aber zur Festigung ihrer narzißtischen Position. Häufig haben sie gefühlsbetonte Partner, die sich an der Unzulänglichkeit ihres Gefühlslebens reiben, ihnen Mangel an Spontaneität vorwerfen, andererseits jedoch ihre Kontrolliertheit und verständnisvolle Überlegenheit bewundern. Die Patienten überfordern den Psychotherapeuten im allgemeinen nicht, wenn sie von der Qualität seines Vorgehens überzeugt sind. Sie spüren meist selbst die Unzulänglichkeit ihrer Gefühlswelt und sind deshalb für jede ernsthafte Hilfe dankbar.

Diese vier Patientengruppen, soweit sie auf Grund äußerer Interviewmerkmale einigermaßen abgrenzbar erscheinen, stellen nach meiner Schätzung etwa 30 bis 50 % der Patienten, die sich zum Erstinterview anmelden. Die übrigen Patienten erweisen sich als Mischformen oder verkörpern Typen, die uns noch nicht bekannt sind.

Die Besonderheit der psychotherapeutischen Interviewsituation hat demnach einen herausfordernden Effekt auf Persönlichkeitsmerkmale. Ihre äußere Konstellation ruft mit ihrem Anspruch, ihren Zielen, Vorstellungen und den bewußten und unbewußten Motivationen der Patienten Phänomene hervor, die sich in der Art der Anmeldung, des Überweisungsmodus, der Einstellung zur Krankheit und Eigenart der Gesprächsführung zu typischen Konfigurationen verdichten. Diese erlauben unabhängig von der individuellen Persönlichkeit gewisse Vorhersagen mit einem hohen diagnostischen und prognostischen Stellenwert.

Der Psychotherapeut beobachtet sehr aufmerksam Phänomene, die dem eigentlichen Gespräch vorausgehen oder dieses begleiten. Er darf sich aber nicht von ihnen auf endgültige individuelle Diagnosen festlegen lassen. Seine Beobachtungen dienen neben den Typisierungsversuchen dazu, den oft vieldeutigen Gesprächsinhalten den „richtigen" Sinn zu geben. „Richtig" bezieht sich auf den Grad einer höheren Prägnanz der Materialanordnung zur Erfassung der Persönlichkeit und ihrer Störungen. Wir werden noch sehen, wie diese integrative Leistung des Therapeuten auf den verschiedensten Ebenen der Situation und damit der Vielschichtigkeit ihres Materials gefordert wird.

DIE HERSTELLUNG
DER GESPRÄCHSSITUATION

Wie man diese ungewöhnliche Gesprächssituation herbeiführt, ist eine Frage der Technik. Die Konzeption des technischen Vorgehens richtet sich sinngemäß nach den Zielen, die dem Interviewer vorschweben. Sie lauten für diesen Teil des Erstinterviews: Wir versuchen, Voraussetzungen dafür zu schaffen, daß der Patient sich nicht nur mitteilen oder aussprechen kann, sondern darüber hinaus die Persönlichkeitsstörungen in der Gesprächssituation preisgibt, die wir zur Urteilsfindung benötigen. In einem normalen medizinischen Untersuchungsgang wird zuerst die Anamnese aufgenommen. Nach ihr stellt der Arzt einen Untersuchungsplan auf, dem die Erhebung der objektiven Befunde folgt. Auf diesem Wege gelangt die somatische Medizin zu einer Diagnose. Im psychotherapeutischen Erstinterview nehmen wir die Anamnese auf und erheben gleichzeitig den Befund. Während wir unsere Aufmerksamkeit auf die Inhalte des Krankheitsberichtes lenken und im Sinne der Anamnese diagnostische Überlegungen erwägen, beachten wir die persönliche Form der Darstellung. Sie entfaltet sich in der Aktion des Gesprächs und bietet sich dazu an, die Störungen der Persönlichkeit freizulegen, sich über ihre Ausdehnung zu orientieren und ihre therapeutische Ansprechbarkeit abzutasten. Denken wir z. B. an den Patienten von Herrn Schraml, der seine Persönlichkeitsstörung im Gespräch als Befund freigab. Wir können an dem Bericht nachvollziehen, wie der Interviewer von dieser Störung beeindruckt wurde. Er beobachtete sie und prüfte schließlich ihre Ansprechbarkeit.

Die Einführung in die Gesprächssituation erfolgt in drei Schritten. Den ersten könnten wir die Technik des Vorfeldes nennen. Der Therapeut versucht, mit den Mitteln der Aufklärung auf die allgemeinen Vorstellungen und Erwartungen einzuwirken und auf diese Weise Einfluß darauf zu gewinnen, wie sich der einzelne Patient auf die Gesprächssituation einstellt. Die Vorfeldeinflüsse auf den Ablauf des Interviews sind recht beträchtlich; denn sie stammen aus kulturellen und gesellschaftlichen Meinungsbildungen, Vorurteilen und modischen Schwankungen und sind deshalb nur begrenzt von Aufklärungsbemühungen zu erreichen. Wir sehen, daß sich bei dem Patienten von Herrn Schraml dieser Vorfeldeinfluß in einer persönlichkeitsspezifischen Verhaltensweise geltend macht und sich ohne Rücksicht auf die Situation und die Person des Interviewers für einen beträchtlichen Zeitraum durchsetzt.

Je näher der Patient der Interviewsituation selbst kommt, um so mehr wirken sich seine persönlichen Vorstellungen und Erwartungen aus. Damit wächst unsere Einflußnahme. Sie läßt sich in einer einfachen Regel zusammenfassen: Wir respektieren die Kompliziertheit des Vorfeldes, überlassen dem Patienten die Aktivität, drängen ihn zu nichts und gehen auf seine Ansprüche, Wünsche und Forderungen so weit ein, wie es unsere Realität zuläßt. Wir erkennen es als das Recht des Patienten an, daß er einen Interviewtermin dringend beansprucht, zu diesem Termin nicht erscheint und sich nach einem halben Jahr erneut meldet. Wir wissen, daß es für dieses Verhalten Gründe gibt, die in der Persönlichkeit des Patienten liegen, in seinen Lebensumständen, in seinem unentschlossenen Charakter, in seiner leichten Beeinflußbarkeit oder in seinen spezifischen Ängsten. Wir lernen auf diese Art den Patienten bereits kennen, indem wir dieses Verhalten als wichtige Vorinformation zur Kenntnis nehmen und verwerten, wenn der Patient den Kontakt aufnimmt. Diese aus sachlichen Gründen unbedingt notwendige Haltung gegenüber dem Patienten gewährt einen großen Spielraum, findet aber ihre Grenzen in der Realität des jeweiligen Interviewers, das heißt an dem jeweiligen Spielraum, den der Interviewer aus konkreten Gründen dem Patienten einräumen kann. Unsere Grenze im Sigmund-Freud-Institut machte sich nach einigen Jahren bemerkbar, als die Vergabe der Interviewtermine zu immer größeren Wartezeiten führte. Nicht eingehaltene Verabredungen führten zu einem Leerlauf, den man über ein sachlich begründetes Maß hinaus den noch wartenden Patienten gegenüber nicht mehr verantworten konnte. Da wir nur eine kleine Gruppe mit beschränkten Terminmöglichkeiten sind, haben wir an diesem Punkt nicht unsere technische Einstellung geändert, sondern ein Vorinterviewverfahren eingeführt, um in einem kurzen Orientierungsgespräch alle diejenigen Patienten aussortieren zu können, die aus falschen Vorstellungen, das heißt, in einem Schlagwort, „falsch adressiert" unsere Hilfe und damit unsere Zeit in Anspruch nehmen wollten. Auf diese Weise organisiert sich das Vorfeld zum Vor- oder Nachteil unter dem Druck der jeweiligen Realität des Interviewers. Dabei ist es wichtig, einen Kompromiß unter Beibehaltung dieses technischen Prinzips zu schließen.

Die gleiche Freiheit räumen wir dem Patienten bei der Wahl des Interviewers ein. Manche Patienten kommen mit sehr ausgeprägten positiven oder negativen Vorstellungen von der Person des Interviewers. Oft wird ein Interviewer dem Patienten von Bekannten oder Kollegen empfohlen. Der Patient äußert daher den Wunsch oder fordert sogar, daß dieser Interviewer ihn untersuchen soll. Wenn es unsere Situation erlaubt, geben wir solchen Wünschen und Forderungen nach und bewerten sie im Rahmen der Gesamtsicht des Patienten. Die Befolgung dieses technischen Prinzips kann in einer Institution zu grotesken Konstellationen führen: Ein Patient hatte eine Verabredung mit einer Kollegin, betrat ihr Zimmer, schaute sie an und erklärte, mit ihr könne er nicht sprechen. Nachträglich verlangte er einen anderen Interviewer, weil diese Kollegin ihm zu jung erschienen sei. Wir haben diesen Wunsch respektiert und später auch verstanden, warum der Patient sich so ablehnend verhalten und der Kollegin überhaupt keine Möglichkeit gegeben hat, diese unerwartete Reaktion aufzufangen und ein Stück weit mit ihm zu bearbeiten. Diese kurze Skizzierung des Vorfeldes und des in ihr verankerten technischen Prinzips lassen erkennen, daß das Ungewöhnliche der Gesprächssituation sich schon im Vorfeld auswirkt und der Interviewer sich in ihm anders verhält, als man es im täglichen Leben erwartet. Statt persönlich betroffen zu reagieren, sucht er zu verstehen und keine Gelegenheit zu versäumen, etwas Wichtiges über den Patienten zu erfahren. Deshalb muß er ihm diesen Spielraum einräumen, in dem der Patient sich „tummeln" und ausdrücken kann, soweit es die Realität zuläßt. Trotz der Forderung, der Interviewer solle nur real begründete Grenzen setzen, gestehen wir ihm ebenfalls eine persönliche Entscheidungsfreiheit zu. Es wäre absurd, einen Interviewer an einer Untersuchung zu beteiligen, der gegen seine berufliche Intention auf einen Patienten beleidigt oder empört reagiert und mit diesem Affekt nicht fertig werden kann. Deshalb muß er wie der Patient das Recht haben, sich gegen eine Gesprächssituation entscheiden zu können. Wenn er in Ausnahmefällen das gleiche Recht nicht für sich in Anspruch nimmt, wächst seine Befangenheit, und die Qualität seiner Untersuchungsergebnisse vermindert sich.

Die Freigabe des Spielraums hat nicht nur einen Aufforderungscharakter für den Patienten, sondern schützt beide am Gespräch beteiligten Personen davor, über ihre inneren Verhältnisse hinauszugehen und sich in eine Situation einzulassen, der sie nicht mehr gewachsen sind.

Die persönliche Analyse als fester Bestandteil der psychotherapeutischen Ausbildung versetzt den Interviewer in die Lage, zugunsten seines Patienten möglichst weitgehend auf die Inanspruchnahme dieses Spielraumes zu verzichten. Je mangelhafter die Ausbildung aus äußeren Gründen ist, um so mehr Spielraum muß auch der Interviewer für sich beanspruchen können.

Die Bedeutung der persönlichen Entscheidungsfreiheit läßt sich an unseren Ausbildungsgruppen für Ärzte, Theologen, Pädagogen usw. veranschaulichen, die keine persönliche Analyse absolvieren. In ihrer Ausbildung gilt als ungeschriebenes Gesetz, daß jeder Beteiligte selbst entscheidet, wann und mit wem er sich in eine „ungewöhnliche Gesprächssituation" einläßt. Anhand der Berichte über die Begebenheiten ihrer Praxis zeigen wir ihnen den kritischen Zeitpunkt, an dem ihre Entscheidung für oder gegen ein intimes Gespräch getroffen werden muß. Diese Problematik kann man an zwei extremen Beispielen skizzieren: Ein Arzt untersucht eine Patientin auf dem gynäkologischen Stuhl. Er kann keinen körperlichen Befund erheben, „stolpert" aber über Bemerkungen und Verhaltensweisen seiner Patientin, die seine Aufmerksamkeit von der körperlichen Untersuchung in eine psychische Richtung lenken. Nun muß er selbst entscheiden, ob er von diesen Beobachtungen in einem „ungewöhnlichen Gespräch" Gebrauch machen will[1]. Das gleiche gilt für einen Pfarrer, dem zu später Stunde ein verstörtes, weibliches Gemeindemitglied in „durchsichtigem" Aufzug ins Haus geschneit kommt, um seine Hilfe in Anspruch zu nehmen. Der Berufspsychotherapeut hat es in dieser Hinsicht viel leichter. Er kann den Zeitpunkt und den äußeren Rahmen für das ungewöhnliche Gespräch selbst bestimmen, wenn er auch dabei die notwendigen Grundregeln einhalten muß.

Den zweiten Schritt zur Strukturierung des Erstinterviews vollziehen wir mit der planmäßigen Vorbereitung der situativen Bedingungen. Das Gespräch braucht über einen vereinbarten Termin hinaus einen Zeitraum, um sich zu seiner ungewöhnlichen Form zu steigern. (Im Beispiel von Herrn Schraml dauerte es über 25 Minuten, bis diese Phase erreicht wurde.) Der Interviewer muß eine größere Zeitspanne einplanen, in der er nicht durch Telefon oder andere Aufgaben abgelenkt wird. Erfahrungsgemäß dauert ein Erstinterview etwa eine Stunde. Man kann sich den Patienten nicht „einfach einmal anschauen", wie es oft unsinnigerweise erwartet wird. Ein erfahrener Psychotherapeut kann unter Umständen auch in kurzer Zeit einen wichtigen Eindruck gewinnen, aber unmöglich zu einer umfassenden Urteilsbildung über eine Situation kommen, die sich im Hier und Jetzt anbahnt und in ihrer Einmaligkeit nicht vertagbar ist. Flüchtige Kontakte hinterlassen bei beiden Beteiligten ihre Spuren und erschweren die kommende Gesprächssituation. In

---

[1] H. Argelander: Der „Patient" in der psychotherapeutischen Situation mit seinem behandelnden Arzt, Psyche XX (1966) S. 926.

Anbetracht der Komplexität des Erstinterviews sollte sich niemand solche zusätzlichen Schwierigkeiten ohne Not zumuten. Bei dem erwähnten Vorinterviewverfahren (s. Seite 38) beschränken wir uns auf rein sachliche Informationen und vermeiden jede „ungewöhnliche" Gesprächsentwicklung. In der Regel muß der Interviewer im Bewußtsein seiner anspruchsvollen Aufgabe eine Zeitplanung durchsetzen, in der er über die notwendige Zeit ungestört verfügt und die innere Bereitschaft und Konzentration aufbringen kann, um sich dem Prozeß der „ungewöhnlichen Gesprächssituation" auszusetzen. Die Gewohnheiten und Erfahrungen einer fortlaufenden Behandlung lassen sich auf die Erstinterviewsituation nicht übertragen. Das einmalige Gespräch muß einen sinnvollen Abschluß finden und läßt keine nachträglichen Korrekturen zu. Ungenügende Aufmerksamkeit, Zeitmangel und Ungeduld provozieren dynamische Entwicklungen, die die Urteilsbildung negativ beeinflussen.

Neben der Zeitplanung spielt auch die Räumlichkeit eine gewisse Rolle. Sie soll nicht steril wirken, sondern eine gewisse Ruhe und Behaglichkeit ausstrahlen. In ihr spiegelt sich die ungestörte Intimität und Gelassenheit des Gespräches, in dem nachdenkliche Pausen zur Reflexion eingelegt werden. Während dieser Phasen darf der Raum nicht ablenken oder beunruhigen, und Geräusche oder Gespräche sollten sich nicht von außen störend bemerkbar machen. Auch hier setzt die Realität ihre Grenzen. Wir sind in der Herstellung der äußeren Situation nicht mehr so krampfhaft bemüht, eine „saubere" experimentelle Situation zu schaffen, um auf den Patienten wie ein leerer Spiegel zu wirken, in dem er nur sich selbst betrachten kann. Wir wissen heute, daß es sich bei diesen Bemühungen um eine Utopie handelt. Die vorbewußte Wahrnehmung des Patienten erspäht sehr viele persönliche Details, auf die wir selbst nicht mehr achten. Diese unterschwellige Kommunikation hat an der Herstellung der Situation ihren eigenen Anteil und läßt eine neutrale Objektivität überhaupt nicht zu. Im Gegenteil stellen diese persönlichen Details Anhaltspunkte dar, an denen sich die

„ungewöhnliche Situation" strukturiert. Die Gestaltung der äußeren Räumlichkeit kann keine individuellen Züge verbergen, aber sie soll den Grunderfordernissen des Erstinterviews gerecht werden und dazu mithelfen, dem Patienten schnell die Atmosphäre des Gespräches deutlich zu machen, die er für sich nutzen kann, um Vertrauen, Offenheit, Intimität und verständnisvolles Mitgehen, Mitdenken und Nachempfinden bereitzustellen. Auf Einzelheiten möchte ich nicht näher eingehen, da diese Fragen zu sehr mit den äußeren Umständen und der individuellen Persönlichkeit des Interviewers verbunden sind. Ein niedergelassener Psychotherapeut, der seine Praxis in seinen eigenen Wohnräumen betreibt und persönlich künstlerische Interessen verfolgt, wird einen Raum anders gestalten als ein Institutsangehöriger, der in dieser Hinsicht nur über einen begrenzten Spielraum verfügt. Manipulative Arrangements haben im Erstinterview keinen Platz.

Der dritte Schritt zur Einleitung der Gesprächssituation fordert vom Interviewer eine bestimmte Haltung. Sie ist viel mühsamer zu verwirklichen, weil sie sich erst mit der beruflichen Identität des Psychotherapeuten und einer gediegenen Ausbildung ausformt.

Die Gesprächshaltung wächst an der Erfahrung von der Bedeutung der Situation, vervollkommnet sich mit dem Ausmaß des persönlichen Wissens, der inneren Sicherheit und Reife und ist letztlich in der Gesamtpersönlichkeit des Interviewers verwurzelt. Das technische Prinzip dieser Grundhaltung wirkt sich nach zwei Richtungen aus. Die alleinige Absicht des Interviewers, den Patienten zu verstehen, ermutigt ihn, die alltäglichen Gesprächserfahrungen und die mit ihnen verbundene Zurückhaltung abzulegen und sich dem Ungewöhnlichen der Situation zu überlassen. Der Erstinterviewer kritisiert und urteilt nicht, sondern nimmt alles hin, wie es angeboten wird, und forscht nur nach seinem Sinn. Das gilt sowohl für banale Daten als auch für peinlichste Intimitäten und aufregende reale Tatbestände. Die meisten Patienten schließen sich unter dieser Haltung erstaunlich schnell auf und sprechen mit Erleichterung über

Dinge, die sie sonst niemandem anvertrauen. Diese Haltung, die sich in Verhaltensweisen des ruhigen Abwartens, der Zuwendung, der gleichschwebenden Aufmerksamkeit und des Interesses dokumentiert, hat einen entscheidenden Einfluß auf den Tiefgang des Gespräches. Scham, Peinlichkeit und Angst vor der Intimität sind nicht mehr realitätsgerecht, wenn diese Haltung relativ störungssicher ist. Statt dessen erscheinen sie als Phänomen der unbewußten Thematik der Gesprächssituation und gewinnen in ihr eine eigene individuelle Bedeutung mit Aussagecharakter über die Persönlichkeit des Patienten.

Die Kehrseite dieses ermutigenden Verhaltens ist die Frustration, die sich an der abwartenden Haltung, dem nachdenklichen Schweigen, der kontrollierten Spontaneität und schließlich an der Enttäuschung über die fehlenden direkten Ratschläge entzündet. Meistens dauert es lange, bis der Patient verstehen kann, was der Interviewer ihm zu geben in der Lage ist und welchen Wert seine Worte für ihn haben. Ob sich diese Frustration störend auswirkt, hängt letztlich von der Aufbereitung des Vorfeldes, den Motivationen und der Distanz ab, die der Patient zu sich und seinem eigenen „Material" gewinnen kann. Gegen blinde Forderungen, die schnell ins Agieren umschlagen und nicht zu Einsichten gebracht werden können, ist der Psychotherapeut machtlos. Deshalb ist es von außerordentlicher Wichtigkeit, die Grenzen des Verfahrens klar abzustecken, sie dem Patienten sichtbar zu machen und auf ihre Einhaltung zu achten. Wenn ein Interviewer glaubt, unter allen Bedingungen ein Gespräch führen und alles verstehen zu können, verfällt er leicht dem Agieren. Unter Umständen kann er unbewußt nach den Wünschen des Patienten handeln, von ihm abhängig werden oder sogar mit ihm in einem falschverstandenen Sinne paktieren und ihn dabei in seinen Bestrebungen und Ansprüchen unterstützen. Manchmal kann er auf diese Weise dem Patienten nützen, aber der eigentliche Sinn des Erstinterviews ist bereits verlorengegangen. Besonders jüngere Kollegen unterschätzen den Wert solcher technischen Regeln und setzen sich unbekümmert über sie hinweg, bis sie nach schmerzlichen Erfahrungen ihre eigenen Grenzen erkennen. Regeln sind nur Anweisungen, deren Tragweite und Verbindlichkeitsgrenze jeder Interviewer für sich selbst immer wieder neu festlegen, ausprobieren und auf ihre Berechtigung prüfen muß. Dadurch organisiert sich eine persönliche Technik, die viel zur eigenen Sicherheit und beruflichen Identität beiträgt. Die persönlich angenommene und immer tiefer sich einschleifende Haltung nimmt im Verhalten, in der Sprache und Gestik des Interviewers individuelle Züge an. Daraus können sich allerdings unbemerkt Stereotypien bilden, die zu starren und schwer korrigierbaren Eigenarten werden.

DER PATIENT, SEINE KRANKHEIT UND IHRE BEDEUTUNG

Nachdem wir uns so ausführlich mit den Vorbedingungen des Erstinterviews beschäftigt haben, wenden wir uns dem Patienten mit seiner Krankheit zu.

Die Krankheit des Patienten ist ein pathologischer Prozeß innerhalb des psychischen Systems, der sich auf die subjektiven und objektiven, inneren und äußeren, bewußten und unbewußten Lebens- und Erlebnisbereiche des Menschen ausdehnt, diese in eigensinniger Manier verändert und letztlich dazu führt, daß der von ihr Betroffene an sich oder seiner Umwelt leidet. Psychische Krankheit stellt die Manifestation eines Prozesses dar, der in allen Bereichen der menschlichen Persönlichkeit verankert ist, diese von frühester Kindheit an mitprägt und häufig die Eigenart der Persönlichkeit bestimmt. Daher ist dieser Prozeß mit allen Reifungs- und Entwicklungsphasen des Lebens eng verbunden. Man kann sich diesen Vorgang vereinfacht etwa so vorstellen: Die unaufhaltsamen Reifungs- und Entwicklungsphasen rufen zwangsläufig Veränderungen hervor, die eine bereits ausgeglichene phasenspezifische Balance erneut in Frage stellen, eine neue Einpassung in die nunmehr veränderten inneren und äußeren Lebensbedingungen fordern und dazu einen Umstellungsprozeß in Gang setzen, der diese Adaption zu bewältigen hat. Kaum hat sich zum Beispiel der Säugling auf eine harmonische Beziehung zu seiner Mutter eingespielt, stören ihn die Reifungsprozesse in seinem Gleichgewicht; denn er beginnt, die Mutter anders wahrzunehmen, wodurch sie eine neue Bedeutung für ihn gewinnt. Parallel dazu ändert die Mutter ihr Verhalten, indem sie sich auf die reiferen Wachstumsbedingungen ihres Säuglings umstellt. Auf diese Weise muß oft unter schmerzlichen Erfahrungen eine neue Reifungsstufe auf die ihr adäquaten Beziehungsformen angepaßt werden. Diese Anforderungen setzen sich im Laufe des Lebens mit jeder neuen Umgebung, jeder neu erreichten Entwicklungsphase, jeder neuen Partnerschaft und jeder neuen Aufgabe fort. Eine solche kritische Schwelle macht sich schon in der frühesten Kindheit beim Übergang von der totalen Versorgungseinheit mit der Mutter zur Forderung nach partieller Autonomie und Körperkontrolle bemerkbar.

Eine andere kritische Schwelle kann durch „natürliche" äußere Umstände geschaffen werden, wenn ein Geschwister geboren wird. Vergegenwärtigen wir uns z. B. die Situation eines zweijährigen Kindes. Es hat bereits eine partielle Unabhängigkeit in der Beherrschung seiner Körperfunktionen erreicht, eine gewisse Distanzierung von der unmittelbaren körperlichen Nähe der Mutter gewonnen und neue Beziehungsmöglichkeiten zum Vater entdeckt. Bei der Geburt eines Geschwisters zu diesem Zeitpunkt wird das bisherige Gleichgewicht der Familie gestört, indem der Neuankömmling die zentrale Position einnimmt. Diese Umstellung kann progressive oder regressive Entwicklungen begünstigen. Progressiv kann sich die Tendenz zur Verselbstständigung mit einer größeren Bindung an den Vater verstärken. Die regressive Entwicklung besteht aus einem Rückgriff auf bereits überwundene Verhaltensweisen, die eine erhöhte Zuwendung von seiten der Mutter erzwingen. Das Kind will wieder von der Mutter gefüttert werden, näßt oder kotet ein, schreit, wenn die Mutter sich entfernt usw. Die forcierten Verhaltensänderungen haben spezifische unbewußte Verhaltensmuster zur Folge, die unter bestimmten Bedingungen pathogen werden können. Sie können sich in latenten Deformierungen der Persönlichkeit oder in Krankheitsbildern manifestieren.

Der Ursprung seelischer Krankheiten ist in den kritischen Perioden der kindlichen Entwicklung zu suchen — unabhängig vom Zeitpunkt ihres Auftretens. Es kann hier nicht meine Aufgabe sein, den seelischen Krankheitsbegriff in seiner Beziehung zur Entwicklungspsychologie im einzelnen abzuhandeln. Mit meinen Beispielen wollte ich nur ein Grundverständnis anbahnen. Wir wenden uns jetzt wieder dem Erstinterview zu, in dem ein Patient mit seiner Krankheit unsere Aufmerksamkeit in Anspruch nimmt. Wir wollen seine Krankheit so unvoreingenommen betrachten, wie er sie unter den Bedingungen des Erstinterviews präsentiert, und sie schrittweise so weit erforschen, wie es unser Thema erlaubt:

Mir gegenüber nimmt eine Dame im Alter von ungefähr 40 Jahren Platz. Als sie eben noch neben mir zu meinem Zimmer ging, empfand ich ihren Gang als hölzern. Sie wirkt groß, etwas hager, trägt ein einfaches, buntes Waschsommerkleid mit einer weißen Strickjacke darüber und eine blaue Traube von Holzklötzchen an jedem Ohr. Sie ist eine typische Blondine mit pigmentarmer, weißer Haut, zu der eine dunkle Hornbrille in auffallendem Kontrast steht. Ihr Äußeres versteht sie keineswegs vorteilhaft zur Geltung zu bringen, sondern neigt anscheinend eher dazu, ihre Nachteile zu unterstreichen. Im Gespräch gibt sie sich sehr lebhaft mit einem deutlich schmollend, trotzigen Unterton, der auch die Thematik der Gesprächsinhalte bestimmt. Dabei weint sie permanent, ohne den Grund zu wissen, und verbraucht ein Papiertaschentuch nach dem anderen. Auf diese Weise macht sie keinen altersgemäßen Eindruck, sondern verkörpert eher etwas kindhaft-trotzig Auflehnendes und gleichzeitig Hilfloses.

Der anfängliche Eindruck steht im Gegensatz zu einem anderen Bild, das sie im Laufe des Gespräches von sich entwirft. Ihre Ansichten erscheinen sehr vernünftig. Man kann sich immer besser mit ihr verständigen und lernt in ihr eine tüchtige Frau kennen, die offenbar etwas leisten kann. Auf Grund ihrer Zuverlässigkeit wird sie nach ihrer Aussage gern beansprucht, wenn es gilt, anderen Menschen mit Rat und Tat zur Seite zu stehen.

In diesen wenigen Daten treten uns zwei Seiten ihrer Persönlichkeit entgegen, die unser Interesse beanspruchen und verschiedenartige Gefühlseinstellungen zu der Patientin hervorrufen. Das ungeschickte, trotzige Mädchen erweckt höchstens unser Mitleid, während die vernünftige und patente Frau uns angenehm berührt.

Die Patientin hat ein äußeres Problem mit ihrem unehelichen und dunkelhäutigen Kind, dessen Vater, ein Afrikaner, nach seinem Studium in Deutschland wieder in seine Heimat zurückkehrte. Der Sohn lebte zwölf Jahre bei ihren Eltern, die — inzwischen alt geworden — nicht mehr so recht mit dem lebhaften Jungen fertig werden. Da sich die Patientin in diesen Jahren eine unabhängige Position geschaffen hat, möchte sie das Kind gern zu sich nehmen, kann sich aber nicht definitiv dazu entschließen und gerät bei allen Überlegungen in eine regelrechte Panik, in der sie nicht mehr ein noch aus weiß. Wegen der Umschulung des Kindes ließ sie sich von einem Schulpsychologen beraten. Dieser legte ihr persönlich nahe, unser Institut aufzusuchen. Die Patientin hat auf Grund des Gespräches mit ihm eingesehen, daß mit ihrem Wunsch, das eigene Kind zu sich zu nehmen, persönliche Konflikte wachgerufen werden. Obwohl sie nach unserer Definition ursprünglich als Mutter der Angehörige eines „vorgeschickten Patienten" war, ist sie jetzt — bewußt — gut motiviert und steht in ihrer Panik unter einem hohen Leidensdruck.

Versuchen wir nun, ihre Krankheit genauer einzustellen, nachdem wir einiges von ihr erfahren haben. Die Patientin leidet seit kurzem an einem fortschreitenden inneren Panikzustand, der mit einem äußeren Problem, der verantwortlichen Übernahme ihres eigenen zwölfjährigen Sohnes, verbunden ist. Je näher der Termin heranrückt, den sie auf Grund sachlicher Erwägungen herbeigeführt hat, um so größer werden ihre Panik und Unentschlossenheit, die nötigen Vorbereitungen zu treffen und die notwendigen Schritte einzuleiten. Hinter dieser äußeren Problematik mit ihrem Sohn tritt in der Interviewsituation als unbewußter Anteil ihrer Persönlichkeit ein trotziges, weinendes Kind zutage, das seine eigenen Schwierigkeiten zu haben scheint. Hat die Patientin im Grunde genommen nicht vollkommen recht mit ihrer Angst vor der eigenen Verantwortung für ein aus vielerlei einleuchtenden Gründen schwieriges Kind, wenn sie mit einem eigenen kindlichen Anteil ihrer Persönlichkeit nicht fertig werden kann? Sie benötigt einen Psychologen für ihr Kind und einen Psychotherapeuten für sich selbst. Diese Tatsache legt den Verdacht nahe, daß „zwei Kinder" hier miteinander konkurrierend ihre Ansprüche geltend machen wollen. Zur Bestätigung unserer Vermutungen befragen wir zunächst nur das zur Verfügung stehende faktische Informationsmaterial des Interviews.

Bleiben wir bei der letzten Feststellung. Warum rivalisiert die Patientin unbewußt mit dem eigenen Kind? Nach der klinischen Erfahrung könnte man vermuten, daß sie einen jüngeren Bruder besitzt. Tatsächlich ist ihr einziger Bruder zwei Jahre jünger und hat es glänzend verstanden, Eltern und Mitmenschen für sich einzunehmen, während die Patientin überbrav und hölzern, innerlich voller Trotz und Neid neben diesem Bruder aufgewachsen ist. Bei seiner Geburt war sie zwei Jahre alt, also in der Trotzphase. Auf dieser Entwicklungsstufe ist sie nach unserer Vermutung schmollend stehengeblieben, selbstverständlich nur in dem Teil ihrer Persönlichkeit, der die Beziehung zu ihren Liebesobjekten reguliert. So wirkte sie auch auf uns, als wir den ersten Eindruck von ihr gewannen: ein trotziges Mädchen, das sich betont häßlich macht, darin hilflos wirkt und Mitleid erregt.

Der kongruente Bedeutungsgehalt dieser wenigen markanten Daten legt die Annahme nahe, daß man in einer Krankheit wie in einem Buch blättern kann, wenn man die richtigen roten Fäden ausgesondert hat, die die innere Logik des Krankheitsgeschehens transparent machen. Wir fahren deshalb mit der Aufschlüsselung der Daten fort. Ähnelt ihr Sohn in seinem Wesen diesem Bruder? Die Patientin meint: „Die Eltern haben mein Kind total verwöhnt, das mit seiner dunklen Hautfarbe einen unerhörten Charme ausstrahlt, das Leben ganz von der sonnigen Seite nimmt, aber nicht zu kontinuierlichen Leistungen zu bringen ist." Der Sohn besitzt also wie der Bruder die Eigenschaften im Übermaß, von denen bei der Patientin nicht eine Spur vorhanden ist. Statt dessen ist sie eine tüchtige Arbeiterin und erwirbt sich Zuwendung von anderen Menschen durch Leistung und Einsatzbereitschaft. Auf Grund unserer Überlegungen verwandelt sich der äußere Konflikt der Patientin langsam in einen inneren; denn hinter der sichtbaren Verhaltensfassade taucht ein

Persönlichkeitsbereich auf, der allerdings von einer anderen Person verkörpert wird und für die Patientin recht bedeutungsvoll zu sein scheint. Man könnte den Verdacht hegen, daß die Geburt des Bruders traumatisch wirkte, weil die Patientin ihm und später ihrem eigenen Sohn das glückliche und unbeschwerte Beziehungsfeld mit den Eltern überließ und sich ohne Übergang von diesen und ihren eigenen Zuwendungsbedürfnissen trotzig abwandte. Noch heute hält sie jeden mit diesem „geronnenen" Trotz auf Distanz, macht jede liebevolle Annäherung unmöglich und erweckt höchstens Mitleid.

Diese schrittweise Umformulierung des äußeren Konfliktes mit Bruder und Sohn in einen inneren bereitet vielen Interviewern Schwierigkeiten, obwohl sie für Diagnose und Behandlung von entscheidender Wichtigkeit ist. Deshalb lautet unsere Frage: Welcher eigene innere Anteil der Patientin ist auf ihr Kind als äußere Repräsentanz übergegangen? Diese Frage können wir nur vom Kind bzw. vom Bruder her weiterverfolgen, weil wir von der Patientin selbst nichts über diese ihre Zuwendungsgefühle erfahren. Wir müssen ihre Aussagen über die Personen, die diese Funktion übernommen haben, auf sie selbst zurückübersetzen. Der Bruder versteht es, die Mitmenschen für sich einzunehmen. Die Patientin fügt bei dieser Bemerkung noch hinzu, er könne seine Gefühle zeigen und mit anderen eine Gefühlsbeziehung eingehen. Der Bruder repräsentiert demnach Gefühle und Bedürfnisse, die sich auf andere Menschen richten, aber bei der Patientin selbst auf Grund ihrer Trotzhaltung nicht zum Zuge kommen. Ihren Trotz anderen Menschen gegenüber benutzt sie genaugenommen als eine Barriere nach innen, um von ihren Gefühlen unabhängiger zu werden. In diesem Sinne ist Trotz eine übersteigerte Durchgangsphase zur eigenen Autonomie. Die Patientin blieb jedoch in dieser Phase stecken und mißbraucht den Trotz noch heute aus innerer Not, weil sie über keine anderen Möglichkeiten verfügt, mit ihren enttäuschten Gefühlen fertig zu werden. Der Trotz unserer Patientin ist das Produkt einer deformierten Persönlichkeitsentwicklung, da er nicht phasengerecht oder altersadäquat überwunden werden konnte, sondern bis zum heutigen Tage zur Unterdrückung der eigenen Gefühle herhalten muß. Ihr Trotz ist fast versteinert, und deshalb wirkt die Patientin hölzern. Als der Bruder das Elternhaus verließ, um zu heiraten, stand die Patientin unter dem Eindruck, die Eltern würden sie zu Hause festhalten. Diese Vorstellung war auch das Motiv, aus dem Elternhaus wegzudrängen. Nach Kenntnis des inneren Konfliktes würden wir jetzt sagen: Als der Bruder, der legitime äußere Repräsentant ihrer Gefühle, ausfiel, regten sich bei der Patientin die eigenen Gefühle zu ihren Eltern, um nachträglich ihre Chance wahrzunehmen. „Ihre Gefühle hielten sie zu Hause fest." Diese Formulierung zeigt das wahre Motiv für ihre Angst, „die Eltern wollen mich zu Hause festhalten". Aus Trotz gegen diese aufkommenden Gefühle wandte sie sich sofort von den Eltern ab und fand schnell einen passenden Partner aus einem fremden und weit entfernten Kontinent, der offensichtlich die ausgefallene Funktion des Bruders übernehmen sollte. Wenn wir uns an die beschriebenen Eigenschaften ihres Sohnes erinnern, können wir mit Recht unterstellen, daß er für diese Aufgabe sehr geeignet war. Die Patientin mißbrauchte ihren Partner als äußeren Repräsentanten der eigenen abgelehnten Gefühle. Seine Fremdartigkeit garantierte die nötige Distanz zu den Eltern und zu sich selbst. Von ihm empfing sie das Kind, das zum jetzigen Zeitpunkt der Träger ihrer Gefühle geworden ist. Als sie damals dem Vater ihres Kindes in seine Heimat folgen sollte, fand sie viele berechtigte Gründe, nicht mit ihm fortzugehen, sondern löste die Beziehung auf.

Nach der inneren Logik ihres unterschwellig verlaufenden Krankheitsprozesses konnte es seinerzeit nicht lange dauern, bis sie eine neue Intimbeziehung einging. Wieder wählte sie einen Ausländer, diesmal allerdings einen Europäer, von dem sie angibt, er hätte viel Ähnlichkeit mit ihrem Sohn gehabt, weil er ebenfalls ein außerordentlich charmanter Mann war. „Bei ihm kam ich langsam dahinter, daß er ein unzuverlässiger Mensch war, auf den ich nicht bauen konnte." Mit den gleichen Worten charakterisiert sie die Sorge um ihren Sohn. Diese Wendung verrät uns den eigentlichen Grund, ihre eigene Gefühlswelt abzulehnen, sich von ihr zu distanzieren und diese nur bei anderen zu erleben, um sie schließlich zu verurteilen. Als ihr zweiter Partner in seine Heimat zurückkehren wollte, zerbrach auch diese Verbindung. Immerhin wurde ihr heranwachsendes Kind so in diese Beziehung aufgenommen, daß ihr Sohn diesen Mann noch heute als seinen Vater ansieht. Nach der Meinung der Patientin wird sich diese Vorstellung ihres Sohnes nur schwer wieder korrigieren lassen, womit sie klar zum Ausdruck bringt, wie sehr sie seine dunkle Hautfarbe verleugnet.

Inzwischen war der Sohn so weit in seiner eigenen Persönlichkeit herangewachsen, daß er die Rolle ihres Bruders bei den Eltern übernehmen konnte. Unter diesem Schutz baute sich die Patientin unter Zuhilfenahme ihres Berufs eine unabhängige Position auf. Ihr Leben verlief dabei allerdings ohne echte Gefühlsbeziehungen, sichtbar eingeengt, während ihr Sohn als Repräsentant der abgelehnten Gefühlswelt bei den Eltern gut aufgehoben war. Mit Entsetzen muß sie nun gewahr werden, daß diese glückliche Lösung ein Ende findet und mit ihrem Sohn die gefährlichen Gefühle wie ein Bumerang auf sie zurückkommen. Wir verstehen jetzt, daß die Panik nicht aus den realen Schwierigkeiten der äußeren Situation stammt — mit ihnen würde diese Patientin spielend fertig werden —, sondern aus einem inneren Konflikt, der durch die äußeren Veränderungen ihrer Lebenssituation manifest wird.

Zur Veranschaulichung dieses inneren Konfliktes ergänze ich den Interviewbericht durch einige Passagen aus dem psychologischen Test, der auf Grund einer anderen Methodik viel direkter auf die innere Situation der Patientin eingestellt ist[1].

„Im ganzen relativ ausgewogenes Verrechnungsbild, so daß man sagen kann, die Patientin hat eine gesunde Basis in ihrer Ichstruktur. Der Akzent liegt ausgesprochen auf Triebkonflikten, die sie hauptsächlich damit zu bewältigen oder abzuwehren

---

[1] Ich danke Frau Kollegin G. Worm für die Überlassung des Testbefundes.

versucht, daß sie ihren Wahrnehmungskreis auf das Konkrete, unmittelbar Gegebene einschränkt, um Phantasien nicht aufkommen zu lassen. Die Vermeidung spielt neben der Verdrängung die entscheidende Rolle. Die Lösung durch Vermeidung von Beziehungen gelingt aber nicht recht, da sie gleichzeitig sehr anlehnungsbedürftig ist. Um nicht zu sehr in Angst zu geraten, versucht sie Beziehungen auf einem möglichst harmlosen Niveau zu halten, indem es nur um Sicherheit und Schutz, nicht um sexuelle Bedürfnisse geht. Ein wichtiger weiterer Abwehrmechanismus ist die Externalisierung, wobei der Sohn wohl die zentrale Rolle in ihrer Phantasie spielt als Träger von etwas Schmutzigem und Bösem. Daher gelingt ihr auch die Lösung von ihren Eltern bzw. aus ihrer Kindheit nicht. Sie propagiert zwar trotzig eine solche Ablösung in einer Geschichte des Testes, schildert aber auf der Blank-Tafel, wie sie im Wagen von ‚Vati' hierhergekommen ist.

Befund: Es handelt sich um eine phobisch-hysterische Struktur, wobei die Abwehr der Verdrängung gestützt wird durch Vermeidung von Beziehungen bzw. Vermeidung der Wahrnehmung bestimmter Bedürfnisse. Bei der Abwehr geht es im wesentlichen um infantil-sexuelle Impulse, die infolge einer Triebregression mit etwas Schmutzigem verbunden sind, wobei der Sohn teilweise als Träger dieser abgewehrten Impulse erscheint. In ihrer Objektbeziehung regrediert sie auf ein kindlich-asexuelles Niveau, wobei eine versuchsweise trotzige Abkehr von den Eltern die wahrscheinlich zugrunde liegende ödipale Enttäuschung verdeckt."

Dieser unabhängig vom Interview erhobene Testbefund deckt sich vollkommen mit der Krankheitsauffassung des Erstinterviews, die auf dem eben beschriebenen Wege erarbeitet wurde. Ohne auf Einzelheiten des Krankheitsprozesses einzugehen, haben wir uns bemüht, allein aus den faktischen Daten des Erstinterviews etwas über die Krankheit der Patientin und ihre tiefere Bedeutung zu erfahren. Dabei haben wir einen Einblick in eine Technik gewonnen, die Krankheit als äußeres Konflikterlebnis auf die intrapsychische Dimension zurückbringt, aus der die eigentlich pathogene Wirkung stammt, die sich im Symptom der unangemessenen Panik Luft macht. Wir lernen daraus, wie begrenzt die Wirkung äußerer Konfliktlösungen als therapeutische Maßnahme auf seelische Krankheitsprozesse sein kann. Trotzdem müssen wir uns häufig mit ihnen begnügen.

Dieses Beispiel verdeutlicht noch ein weiteres Problem. Mit der Kostenübernahme für Psychotherapie durch Versicherungsträger beginnt eine neue Diskussion um die Definition des seelischen Krankheitsbegriffes. Bei unserer Patientin sind Krankheit und persönliches Schicksal schwer voneinander zu trennen. Die akute Phase der Panik muß als Krankheit im medizinischen, psychologischen und versicherungsrechtlichen Sinne aufgefaßt werden. Sie ist aber nicht das Ergebnis irgendwelcher Einwirkungen von außen, vergleichbar den sogenannten körperlichen Krankheiten. Das ausschließlich pathogene Agens enthüllt sich mit der Erkenntnis über die subjektive Bedeutung, die die Patientin dem scheinbar äußeren Konflikt verleiht. Erst die Einsicht in diesen Sinnzusammenhang zwingt zu der Folgerung, daß ein latenter intrapsychischer Prozeß seit ihrem zweiten Lebensjahr im Gange ist, der nicht nur die Vorbedingungen für ihre jetzige Krankheit geschaffen, sondern zur Ausbildung einer Persönlichkeitsstruktur beigetragen hat, die durch Begrenzungen ihrer Lebensentfaltung und Bescheidung ihrer Erlebnismöglichkeiten zu charakterisieren ist. Wo hier die Grenze zwischen Krankheit und persönlichem Schicksal zu ziehen ist, unterliegt einer Ermessens- bzw. Definitionsentscheidung. Sie wird von der kulturellen Norm, dem Wissens- und Erkenntnisstand und nicht zuletzt vom Geld beeinflußt, das der einzelne bzw. die Gesellschaft für die Behandlung der Krankheit einzusetzen bereit und in der Lage sind.

PSYCHO-LOGIK,
EINE UNGEWÖHNLICHE FORM DES DENKENS

Im letzten Kapitel haben wir uns anhand der Lebensdaten in die psychische Krankheit einer Patientin vertieft. Die Brücke zum Verständnis bildete die Aufhellung der Bedeutung des Kindes als Träger des äußeren Konfliktes auf dem Hintergrund der Auseinandersetzung mit ihrem zwei Jahre jüngeren Bruder. Der Krankheitsmechanismus und das von ihm produzierte Symptom der Panik wurden soweit aufgeklärt, als die Patientin Bruder und Kind als Repräsentanten ihrer eigenen abgelehnten und als unzuverlässig verstandenen Gefühle „mißbraucht". Mit diesen äußeren Objekten gerät sie in typische Konflikte, entlastet sich persönlich auf deren Kosten und sichert sich so gegen ihre eigene Gefühlswelt ab. Dieses Abwehrsystem engt ihren persönlichen Erlebnisspielraum weitgehend ein, weil ihre Gefühle nicht zur Entfaltung gelangen können.

Wenn wir jetzt rückblickend darüber nachdenken, wie wir zu dieser Erkenntnis gelangt sind, müssen wir folgendes feststellen: Wir haben das Material des Interviews mit *unseren* Augen betrachtet und Bedeutungszusammenhänge hergestellt, die der Patientin selbst unbekannt sind. Genaugenommen haben wir bei der Bearbeitung des Materials die Gegenwart unserer Patientin aus den Augen verloren, weil wir die aktuelle Situation mit ihr noch nicht berücksichtigt haben.

Wir wenden uns deshalb wieder der Patientin zu, indem wir ihr unser neugewonnenes Wissen mitteilen. Mit Sicherheit läßt sich voraussagen, daß die Patientin nicht in der Lage sein wird, die Bedeutung unseres Wissens zu begreifen und zu bestätigen. Eine solche Konfrontation ruft regelmäßig Abwehrreaktionen hervor. Diese Patientin wird vermutlich rationalisieren und viele Gründe für die Schwierigkeiten mit ihrem Kind angeben oder sich unverstanden zurückziehen und noch mehr weinen. Die Patientin wird also gegen unsere besten Absichten ein Verhalten an den Tag legen, das wir einen Widerstand nennen. Die ausführlichsten, geduldigsten und überzeugendsten Erklärungen wird sie vielleicht als solche anerkennen, aber sie in ihrer wirklichen Bedeutung für sich selbst nicht verwerten können. Diese Tatsache sollte uns noch ein wenig beschäftigen, denn dieser Widerstand erscheint uns in höchstem Maße unvernünftig, weil er unsere Bemühungen vereitelt, die Patientin an den gewonnenen Erkenntnissen teilnehmen zu lassen und sogar das Interview zum Scheitern bringen kann.

Der Interviewer verfügt über zwei Techniken, den störenden Widerstand zu umgehen:

1. Der Interviewer vermeidet jede Auseinandersetzung mit dem Patienten. Ausgerichtet auf das Ziel des Erstinterviews, möglichst viel vom Patienten für die Urteilsbildung zu erfahren, unterläßt er jeden Eingriff, der die Datensammlung stört. Wenn der Patient ihn dabei irritiert, geht er auf dieses aktuelle Verhalten möglichst nicht ein, sondern befaßt sich ausschließlich mit dem dargebotenen Material. Bei dieser Technik fällt dem Patienten die Rolle des Informanten zu, während der Interviewer den Informationsgehalt deutend erarbeitet. Der Patient ist von der verständnisvollen Zurückhaltung des Interviewers angenehm berührt und fühlt sich durch diesen Gesprächsstil entlastet. Beide trennen sich unbeschwert und behalten sich in freundlicher Erinnerung. Die meisten Interviewgespräche werden nach diesem Modell geführt.

Wir haben uns anfangs unmißverständlich darüber ausgelassen, daß wir nicht nur ein Gespräch führen, sondern die Gesprächssituation mitberücksichtigen wollen, weil gerade durch sie erst das Ungewöhnliche des Erstinterviews zutage tritt. Unsere Entscheidung fällt deshalb nicht für dieses Gesprächsmodell, obwohl es am bequemsten und angenehmsten zu handhaben ist. Das auf diese Weise erworbene Wissen ist zwar logisch richtig, muß aber nicht für den Krankheitsprozeß relevant sein. Das Krankheitsbild erfaßt möglicherweise nur Randerscheinungen

des pathogenen Geschehens. Der Patient ist die einzige Person, die unsere Auffassung von seiner psychischen Krankheit korrigieren kann, und deshalb fühlen wir uns ohne seine Bestätigung nicht überzeugt.
2. Der Interviewer erarbeitet das Informationsmaterial gemeinsam mit dem Patienten. Er holt sich für jede Interpretation zunächst vom Patienten die erforderliche, unbewußte Bestätigung ein.

Dabei konfrontiert er den Patienten nicht mit einer umfassenden Erklärung über seine Auffassung von dem Sinn der Krankheit wie es oben skizziert wurde, sondern beschränkt sich auf Bemerkungen, Deutungen oder Fragen, die nur den *Sinn der momentanen Gesprächsphase* reflektieren. Jede einzelne Phase des Gesprächs wird so einschließlich des situativen Momentes auf ihren unbewußten Bedeutungsgehalt untersucht. Der Patient liefert auch hier die notwendigen Informationen durch seine Mitteilungen und sein Verhalten. Darüber hinaus lenkt der Patient die Wahrnehmung des Interviewers durch seine eigenen unmittelbaren Reaktionen auf das Verhalten des Patienten und durch dessen spontane weitere Gesprächsführung, die jetzt neben der informatorischen Funktion korrigierenden und bestätigenden Charakter annehmen. Der Patient übernimmt einen dialektischen Gesprächspart, der die Voraussetzung für unser Krankheitsverständnis ist. Nehmen wir zum Beispiel einen unergiebigen Patienten, der nun vor uns sitzt, glaubt, uns alles Wichtige von seiner Krankheit berichtet zu haben, schweigt und auf die Aktivität des Interviewers wartet. Man kann an dieser Stelle die Unergiebigkeit der Gesprächssituation überspielen und dem Patienten nun Fragen stellen, die er aller Erfahrung nach erleichtert und bereitwillig beantworten wird. Auf diese Weise erhalten wir Informationen als Antworten auf Fragen, aber auch nicht mehr. Wir können mit Hilfe dieser Daten etwas vom Krankheitsgeschehen zu erklären suchen, was wir aber nicht wirklich verstanden haben. Lassen wir statt dessen diese Unergiebigkeit auf uns wirken, achten auf alle Begleiterscheinungen, die in ihrem Zusammenhang auftreten, dann dämmern uns plötzlich Zusammenhänge, die einen neuen Zugang zum blockierten Verständnis eröffnen. Wir spüren den Unterschied zwischen trotzigem, passivem oder ängstlichem Schweigen, machen eine Bemerkung dazu und stellen oft mit Erstaunen fest, daß dieses Schweigen nicht so peinlich und unergiebig ist, wie wir eigentlich angenommen haben. Auf eine Frage, die das Phänomen nicht übergeht, sondern es mit einbezieht, erhalten wir ungewöhnliche Antworten, die viel aufschlußreicher für die Krankheit des Patienten sind als Antworten auf einen ganzen Fragenkatalog. Die häufig geäußerte Sorge der Interviewer, zu wenig Material zu erhalten, ist völlig unbegründet. Genau das Gegenteil ist der Fall, denn im allgemeinen überfordert die Fülle der Daten die Integrationsleistung des Interviewers, weil er ihre Vielschichtigkeit nicht so zur Deckung bringen kann, daß sich ein klares und zentrales Bild vom Patienten und seiner Krankheit abzeichnet.

Ich möchte das schrittweise Erarbeiten der Daten an unserem Beispiel durchspielen und dabei aufzeigen, warum der Interviewer die einleuchtende Bedeutung des Bruders in den Mittelpunkt gestellt und nichts von den Persönlichkeiten der Eltern und der Beziehung zu ihnen berücksichtigt hat, obwohl wir wissen, daß diese mindestens so wichtig für die Krankheitsbildung sind wie ein Geschwister. Außerdem war der Interviewer älter als die Patientin, so daß auch kein situationsgerechtes Angebot für die unbewußte Auseinandersetzung mit einem Geschwister vorlag, um die Erinnerung an den Bruder im Gespräch mit Hilfe der Person des Interviewers lebendig werden zu lassen. Die einzelnen Phasen könnte man folgendermaßen abgrenzen:

1. Die Patientin präsentierte sich dem Interviewer in der bereits beschriebenen Form und rief damit eine Gefühlseinstellung hervor, die trotz des Mitleides zunächst eher ablehnend war.
2. Den ablehnenden Gefühlseindruck bestärkte die Art und Weise, wie die Patientin von ihrem Sohn sprach. Sie zeigte kein Verständnis für die schwierige Lage eines dunkelhäutigen

Kindes, das in unserer Kultur Charme dringend brauchen kann, um sich gegen die primär ablehnenden oder sogar feindseligen Verhaltensweisen der Mitmenschen zu behaupten und diese für sich einzunehmen. Die gesamte Sympathie des Interviewers richtete sich auf dieses arme und doch so freundlich sonnige Kind.

3. Die Patientin fing nun an, pausenlos zu weinen und ein Taschentuch nach dem andern zu verbrauchen. Mit zunehmendem Mitleid wandte sich ein Teil der positiven Gefühle des Interviewers wieder der anwesenden Patientin zu. Diese rückläufige Gefühlsbewegung schlug in Sympathie um, als der Interviewer noch die vernünftige und patente Frau entdeckte. Diese unterschwellig ablaufende Ablehnung der Patientin, Zuwendung zu dem unverstandenen Kind und Rückbesinnung auf die anwesende Patientin legte den vorbewußten, das heißt zu diesem Zeitpunkt vom Bewußtsein noch nicht klar erfaßten Gedanken nahe, daß zwei Kinder um die Gunst und Zuwendung eines Elternteiles buhlen.

4. Ganz vom Einfluß ihres äußeren Konfliktes beherrscht, antwortete die Patientin auf eine Frage, die nun bereits unter der Mitwirkung des vorbewußten Gedankenganges gestellt wurde: Sie sähe es mit Sicherheit so kommen, daß der Junge von allen Hausbewohnern verwöhnt würde und ihr allein die unangenehme Aufgabe zufiele, ihn nach ihrem Dienst zur Erledigung der Schularbeiten anzuhalten. Diese Formulierung und das bereits registrierte bemerkenswerte Fehlen einer mütterlichen Haltung bestätigen die Vorstellung, daß sich im Konflikt der Patientin die ältere Schwester dagegen auflehnt, sich über ihre eigenen Aufgaben hinaus noch um einen jüngeren Bruder kümmern zu müssen, der seine Vorteile in schamloser Weise ausnutzt.

5. Auf die weitere Frage, wie sich die Patientin eigentlich die Beziehung zu ihrem Sohn wünscht, erklärt sie, daß sie ein kameradschaftliches Verhältnis zu ihm ersehnt, in dem sie sich beide gegenseitig unterstützen und in freundschaftlicher Harmonie miteinander leben können.

6. Erst zu diesem Zeitpunkt holte sich der Interviewer die Information, daß die Patientin einen zwei Jahre jüngeren Bruder besitzt, und ließ sich nun von ihm berichten. Die Übereinstimmung der dargestellten Beziehung zum Bruder mit der zu ihrem Sohn, brachte jetzt die Gewißheit für die Richtigkeit des bisher vollzogenen Verständnisses.

Diese Information hat jetzt natürlich ein anderes Gewicht, weil sie schlagartig das *Erlebnis mit der Patientin in der Gesprächssituation* selbst beleuchtet und ein hohes Evidenzgefühl auslöst — nicht eine Evidenz im Sinne einer logischen Stimmigkeit des Materials, sondern eine situative Evidenz, wie ich sie in einer Arbeit genannt habe[1]. Die situative Evidenz habe ich abgehoben von der klinischen Evidenz, die eintritt, wenn Krankheitsdaten mit Hilfe der klinischen Erfahrung so aufbereitet werden, daß sie ein Gefühl logischer Evidenz hervorrufen (vgl. das Vorgehen im vorigen Kapitel). Nach meiner Auffassung und Erfahrung hat die situative Evidenz für das psycho-logische Verständnis einen wesentlich höheren Stellenwert. Unabhängig von meinen klinischen Studien über die situative Evidenz ist mein Kollege A. Lorenzer[2] in seinen erkenntnistheoretischen Untersuchungen zu dem gleichen Ergebnis gekommen. Er schreibt: „Sicherstes Fundament des psychoanalytischen Erkennens ist die Teilhabe an der Situation des Patienten." „Der Analytiker nimmt mittels einer funktionellen Regression an der Lebenspraxis des Patienten teil. Er nimmt aus der Praxis selbst die zur Praxis gehörende Sprache ab und holt das aus der Kommunikation ausgeschlossene wieder in den Zusammenhang einer Sprachgemeinschaft ein." „Die in Übertragung und Gegenübertragung gewonnene Teilhabe an der Lebenspraxis der Patientin legt gleichzeitig das Fundament für beide Voraussetzungen eines zuverlässigen Erkennens via ‚szenischen Verstehens'; sie ermög-

---

[1] H. Argelander: Der psychoanalytische Dialog, Psyche XX (1968) S. 337.

[2] A. Lorenzer: Symbol und Verstehen im psychoanalytischen Prozeß, unveröffentl. Manuskript S. 245 ff.

licht die Präsisierung der Bedeutungen und die Verankerung von Verstehen im Faktisch-Realen."

Die „Psycho-Logik", die wir zum Verständnis der Krankheit unserer Patientin brauchen, erschöpft sich nicht in der Erschließung logischer Zusammenhänge, sondern kommt erst im szenischen Verstehen zum Tragen. Sie gewinnt ihre Bedeutung, wenn wir das Material mit der Szene in Einklang bringen können, an der wir mit dem Patienten teilnehmen, und wenn die situative Evidenz die Richtigkeit unseres Vorgehens bestätigt. Der Patient verrät uns also nicht nur mit seinen Informationen einen Eindruck von dem unbewußten Kräftespiel, das seine Krankheit bedingt, sondern stellt sie in der sprachlichen Kommunikation mit dem Interviewer direkt als Szene dar. Diese kreative Fähigkeit zur szenischen Gestaltung der unbewußten Konflikte bringe ich mit einer spezifischen Ichfunktion in Zusammenhang und nenne sie die szenische Funktion des Ich — eine bewundernswerte Begabung des Menschen.

„Psycho-Logik" als eine ungewöhnliche Form der Wahrnehmung und des Denkens kommt also dadurch zustande, daß über einen dialektischen Prozeß mit dem Patienten hinaus Datenzusammenhänge in der Situation selbst lebendig werden und über eine Sprach- und Verhaltenskommunikation eine Szene gestalten, deren Verständnis über ein regressives Teilnehmen erst eine Datenverarbeitung ermöglicht, die der wahren Dimension der Krankheit gerecht wird. Damit haben wir den Faden aus dem ersten Kapitel wieder aufgenommen und werden ihn nicht mehr aus dem Auge verlieren.

Das Wesen seelischer Krankheiten liegt in unbewußten innerpsychischen Prozessen, die über eine aktuelle Szene mit einem Gesprächspartner erschlossen werden können. Wir wissen, daß der Patient sie mit Hilfe seiner szenischen Ichfunktion bereits im Erstinterview zur Ansicht bringt, und sollten warten, bis unser Verständnis sich für sie vorbewußt einspielt.

In einem Erstinterview laufen vorbewußte Wahrnehmungs- und Denkprozesse unvorstellbar schnell ab und lassen sich auch nachträglich in ihrer Gesamtheit kaum einfangen. Der Interviewer weiß immer mehr, als er zu Protokoll geben kann, lautet eine Regel bei uns. Deshalb geben wir dem Interviewer in einem abschließenden Gruppengespräch mit Kollegen grundsätzlich Gelegenheit, seine vorbewußten Eindrücke nach dem Verlauf der Diskussion zu strukturieren und damit für das Verständnis der Krankheit verfügbar zu machen.

Die hier formulierten Erkenntnisse sind keineswegs neu. Freud[3] hat schon 1905 an seinem Fall „Dora" die Überzeugung gewonnen, daß die Rekonstruktion der Krankheit Doras und ihrer Erinnerungen sich anders hätte darstellen lassen, wenn er das Material, das sich mit Details seiner Person und seiner Verhältnisse verband, hätte in seiner so zentrierten Bedeutung besser erkennen können. Das Material erhält also durch das Einbeziehen der aktuellen Szene eine neue Ordnung und Zentrierung. Neu ist für uns, daß wir lernen müssen, das vernachlässigte Erstinterview technisch auf diesen Stand zu bringen, den die heutige Wissenschaft von ihm erwarten kann. Neu ist vielleicht auch die überraschende Einsicht, daß sich in einem ersten Gespräch bereits Prozesse dieser Art abspielen, die wir sonst nur aus den psychoanalytischen Studien langer Behandlungen kennen. Die bisherige Unkenntnis dieser Prozesse ist auf die allgemein bekannte Tatsache zurückzuführen, daß nur wenige für das Erstinterview echtes Interesse aufgebracht haben. Sogar Freud hat sich nie mit diesem ersten Kontakt mit einem Patienten in einer eigenen Arbeit gründlich befaßt.

---

[3] S. Freud: Bruchstück einer Hysterieanalyse. Ges. W. Bd. V, S. 282.

DIE DYNAMIK DER GESPRÄCHSSITUATION[1]

Die vorausgegangenen Kapitel haben uns darauf vorbereitet, daß wir es beim Erstinterview mit einer sehr komplexen und hochdifferenzierten Situation zu tun haben, deren systematische Durchforschung uns erst mit dem Material versorgt, das wir zum Verständnis und zur Beurteilung seelischer Krankheiten zur Verfügung haben müssen. Dieses Abtasten der Situation wollen wir zunächst noch ein Stück weiter fortsetzen, ehe wir uns einen Überblick darüber verschaffen, welche Überlegungen und Techniken wir noch anwenden müssen, um über dieses individuelle Erlebnis hinaus zu einer richtigen Einschätzung der gesamten Persönlichkeit des Patienten zu gelangen.

Das Kerngerüst des Erstinterviews, die schöpferisch gestaltete Szene, ist eine Schlüsselinformation zur Erfassung fremdseelischen Geschehens. Sie hat naturgemäß eine eigene Dynamik oder Dramatik, die sie aus unbewußten Quellen speist. In einem gutgeleiteten Interview mit einem ausgeglichenen und kontrollierten Patienten geht diese dramatische Szene „untergründig über die Bühne" und setzt geschulte Wahrnehmungen voraus, um mit ihr in einen verwertbaren Kontakt zu treten. Der dramatische Akzent nimmt aber oft die ganze Interviewsituation in Anspruch und beherrscht dann vollkommen die Szene, wenn Patient oder Interviewer ins Agieren geraten, handelnd mit ihr umgehen. Häufig ist die unbeabsichtigte dramatische Steigerung die Folge eines technischen Fehlers, manchmal zeigt sie an, daß der Patient nicht für eine Gesprächsbehandlung geeignet oder der Interviewer noch zu unerfahren ist.

[1] Vgl. H. Argelander: Zur Psychodynamik des Erstinterviews. Psyche XX (1966) S. 40.

Bei einer solchen ungewollten Gelegenheit offenbart sich die wahre Dimension der latenten Dynamik. Diese entfesselt ihre wirkliche Größenordnung, wenn sie, den lebenslänglich eingespielten seelischen Schutzmechanismen entrissen, sich im Handeln verselbständigt und die Szene hoffnungslos überflutet.

In der angegebenen Arbeit haben wir versucht, die unbewußte Dynamik des Erstinterviews aus der Sicht einer zweiten nachfolgenden Gesprächssituation systematisch zu studieren. In einem Fall schlug die unbewußte Dynamik in eine agierte Szene um. Die Patientin kam zu der zweiten Verabredung mit dem unbewußten Motiv, sich an mir für die Offenbarungen des ersten Gespräches zu rächen, die sie als ein Überwältigtwerden erlebt hatte. Sie überschüttete mich mit Haßtiraden und aus der Luft gegriffenen Unterstellungen. So behauptete sie, ich hätte sie nur deshalb ein zweites Mal einbestellt, weil ich das erste Gespräch nicht hätte richtig auswerten können. Auf diese Weise zwang sie mich, gegen meinen Willen mitzuagieren. Nachträglich war ich ärgerlich über mich selbst, daß ich mich so hatte hinreißen lassen. Im Gespräch mit meinen Kollegen überwog die bedauernde Reaktion für diese arme Patientin, und einer fand sich schließlich bereit, sie in eine psychotherapeutische Behandlung zu nehmen. Nach kurzer Zeit mußte dieser Kollege die Behandlung abbrechen, weil die Patientin ihn ebenfalls persönlich angriff, sich an keine Spielregeln hielt und in ihrem blinden Haß nicht mehr zu ertragen war.

Solche extremen Fälle sind relativ selten und verraten in ihrem Verhalten und Agieren eine eigene Psychopathologie. Man muß eine solche Dramatik einmal erlebt haben, um sich über die Größenordnung des mit der Krankheit verbundenen und an sie gebundenen Kräftespiels die richtige Vorstellung machen zu können. Ferner muß man sich vor einer Verniedlichung der unbewußten Dramatik in acht nehmen, der auch meine Kollegen unterlegen waren, bis sich einer von ihnen durch eigene Anschauung überzeugte.

Wenden wir uns einem anderen Beispiel zu, um das dynamische Moment in seiner Vielfalt besser kennenzulernen. Ich beschränke mich auf die Darstellung der Kernszene mit ihren näheren Begleitumständen:

Bevor die Patientin zu dem verabredeten Termin erschien, erreichte mich ein freundlicher Brief, an dem ein ausführlicher Lebenslauf angeheftet war und in dem sehr sachlich die wichtigsten Ereignisse ihres Lebens verzeichnet waren. Die Patientin ist unehelich geboren. Der Vater, in höherer kaufmännischer Position, starb vor ihrer Geburt, ohne etwas von ihrer Existenz zu wissen. Im frühesten Säuglingsalter wurde die Patientin von einem biederen Handwerkerehepaar adoptiert und mit großer Nachsicht und der auffallenden Tendenz großgezogen, sie etwas Besonderes werden zu lassen. In ihrer energischen Art und ihrer unverblümt offenen Sprache schien die Patientin zwar mit diesem soliden Milieu und deren Träger identifiziert, hatte sich aber nach ihren Angaben schon als kleines Kind eine eigene Welt geschaffen, in der sie abseits von der übrigen Familie viel las und phantasierte, als ob sie etwas von ihrer Sonderstellung in der Familie geahnt hätte. Die mit ihrer Umgebung auffällig kontrastierende geistige Entwicklung ist als Folge eines unbewußten Familienromans, d. h. als das Ergebnis von Phantasien über ihre besondere Herkunft zu verstehen. Dazu gaben ihr vielleicht die Verhaltensweisen der Adoptiveltern einen gewissen realen Anlaß. In ihrem späteren Leben erwies sich ihre Phantasie als eine echte Realität, nachdem sie erfuhr, daß ihre Adoptiveltern tatsächlich nicht ihre leiblichen Eltern waren. Die persönliche Fähigkeit, mit ihrem ungewöhnlichen Schicksal fertig zu werden, reichte bis in ihr Erwachsenenalter. Sie heiratete in höhere Gesellschaftskreise ein und wurde in einem anspruchsvollen, geistigen Beruf tätig. Ihre beiden Kinder sind bereits erwachsen.

Nun saß sie mir gegenüber. Nach einer anfänglichen Pause fragte sie, ob sie rauchen dürfe. Auf meine Zustimmung hin legte sie ein Päckchen Zigaretten auf den Tisch und nahm eine davon. Ich griff schnell zu meinem Feuerzeug, aber sie kam mir bereits zuvor, gab sich selbst Feuer und stellte sachlich fest: „Danke, ich versorge mich selbst." Im Alltagsleben gehört dieser Vorgang zu den Bagatellen, den persönlichen Randerscheinungen eines Gesprächs, aber in unserer ungewöhnlichen Situation kann diese Bagatelle von erheblicher Wichtigkeit als Information sein. Ich hatte sie verstanden, „sie versorgt sich immer selbst", und dachte an den sachlichen Lebensbericht, ihre energisch-selbständige Haltung und hörte nun weiter, wie sie, auf ihren „Papierwust" verweisend, zu sprechen begann. Eigenartigerweise setzte sie sich zunächst ausführlich mit einem Fachbuch auseinander und stellte mir ihre Bemühungen dar, aus diesem Buch etwas für sich und ihre Probleme zu lernen. Diese Gesprächsphase zog sich einige Zeit hin, und ich überlegte mir dabei, daß sie auf der einen Seite so selbständig sei und sich selbst versorge, auf der andern mir aber wie eine „Papierexistenz" aus Büchern vorkomme. Dieser Eindruck nahm noch zu, weil sie auch im weiteren Gespräch völlig rationalisiert blieb und keinerlei Gefühle aufkommen ließ. Unerwartet registrierte ich bei mir eine Irritation, glaubte, gegen diese harte Wand nicht mehr ankommen zu können, und formulierte für mich: ich kann wohl gar nichts für sie tun. Es handelt sich um ein sehr diffuses Gefühl von Hilflosigkeit und Resignation. Ihm überlassen wurde mir klar, daß die Patientin sich so selbständig, unabhängig und selbstversorgend geben muß, um mit dieser Hilflosigkeit, die ich eben selbst gespürt hatte, fertig zu werden, einer Hilflosigkeit, die an den „papiernen" Tatsachen der Realität scheitert, wobei mir Geburtsurkunden oder ähnliche Papiere vorschwebten.

Ich will hier mit Rücksicht auf unser Thema und die Anonymität der Patientin darauf verzichten, ihre aktuelle Krankheitslage wiederzugeben, sondern steure statt dessen auf den Höhepunkt der Szene zu. Obwohl andere Inhalte zur Sprache kamen, die mit unserem Kernthema in einer interessanten Verbindung standen, änderte sich an dem Verhalten und meiner inneren Gefühlsstimmung zunächst noch nichts. Als die Patientin sich die zweite Zigarette anbrannte, spürte ich das Bedürfnis, mir ebenfalls eine anzustecken, obwohl ich im allgemeinen während des Interviews nicht rauche. Da ich keine Zigarette in meinen Taschen vorfand, begann ich zu meinem eigenen Erstaunen, Ärger darüber zu empfinden, daß mir die

Patientin aus ihrer vollen Packung nicht auch eine Zigarette angeboten hatte. Glücklicherweise erinnerte ich mich an eine frische Packung in meiner Aktentasche. Also langte ich hinter mich, erbrach die Packung, steckte mir eine Zigarette an und sagte aus einem mitfühlenden Verständnis für die ablaufende Szene heraus: „Ich versorge mich auch selbst." Diese Worte entsprachen meiner passageren Identifizierung mit der Selbstversorgungstendenz der Patientin, die einen Versuch darstellt, die Hilflosigkeit und Resignation zu überwinden, wie ich sie eben selbst kurzfristig an mir kennengelernt hatte. Mit ziemlicher Sicherheit nahm ich an, die Patientin würde diese überlegte, aber deutlich konfrontierende Bemerkung akzeptieren und an ihr die Wirkung auf den Gesprächspartner nachvollziehen können. Zu meiner Überraschung wurde sie nachdenklich und schwieg so lange, daß ich ernsthafte Zweifel bekam, ob sie diese Bemerkung nicht als taktlos oder üble Retourkutsche aufgefaßt hatte. Dann ging eine Veränderung mit ihr vor, und das weitere Gespräch schuf eine völlig andere Atmosphäre, in der wir uns sehr gut verstanden. Sie hatte also anhand meiner Bemerkung wahrgenommen, daß sie, in ihren Anstrengungen unabhängig zu sein, die Bedürfnisse des Gesprächspartners vollkommen übersah — eine Tatsache, die bei ihrem aktuellen Konflikt eine sehr große Rolle spielte.

Diese kleine Episode soll darlegen, daß auch eine unscheinbare Szene mit dem Patienten nicht allein zu Erkenntniszwecken gestaltet wird, sondern auch ihre eigene Dynamik hat, der man sehr leicht verfallen kann, wenn man seine Gefühle zuläßt, aber diese nicht unter sicherer Kontrolle halten kann. Entscheidend für die Kommunikation ist die angemessene, aber doch deutliche Formulierung und der begleitende Sprachklang, der dem Inhalt seine Bedeutung gibt, auf die der Patient sich einhören kann. Die massive Konfrontation entsprach dem unverblümten Sprachstil der Patientin, auf den sie absolut sicher reagierte, obwohl ich selbst schon Zweifel bekam.

Ein weiteres Beispiel ganz anderer Art vermittelt eine Beziehungscharakteristik, deren Dynamik von hohem diagnostischem Wert ist:

Ein noch jugendlicher Patient in blauem Anzug mit grüner Strickweste, rotem Schlips, abstehenden Ohren und rundlichem Jungengesicht gibt sich freundlich und aufgeschlossen. Von einem Freund beraten, kommt er, um „zu sich selbst zu finden". Hinter diesen großen Worten steckt zweifellos etwas Infantil-Naives, obwohl der Patient nachdenkliche Pausen macht und dadurch zunächst sehr sympathisch wirkt. Bei genauem Hinsehen bemerkt man aber, daß er gar nicht nachdenkt, sondern offensichtlich mit etwas anderem beschäftigt ist. Er schaut immer zur Seite, als ob sich dort etwas befindet, was ihn stört. Seine Ausführungen sind klar und durchdacht, zeigen eigene Überlegungen. So fühlt er sich von seinen Eltern dirigiert, die ihn wie ein Schatten begleiten und ihm überall die Wege ebnen. Von ihnen möchte er gern unabhängig sein, aber er kann über diesen Schatten nicht springen, weil er sie immer wieder benötigt; denn er erweist sich ständig als ein Versager. Wegen seiner abstehenden Ohren wurde er schon in seiner Kindheit gehänselt, konnte sich aber auf Grund seiner Weichheit nicht durchsetzen. Was diese Weichheit eigentlich bedeutet und warum er so von ihr abhängig ist, kann er nicht herausbringen, obwohl er sich ständig darum bemüht und auch schon mit seinem Freund darüber gesprochen hat.

Zunehmend irritiert mich, daß er fortwährend aus den Augenwinkeln in die Ecke schielt. Auf meine direkte Frage, ob ihn hier etwas im Raum störe, bittet er, den Platz wechseln zu dürfen. Sofort änderte sich sein Verhalten, als ob ich jetzt eine Prüfung bestanden und eine Vertrauensposition gewonnen hätte, während er mich vorher wohl mit großer Skepsis betrachtet hat. Obwohl er vertraulich zugewandt erscheint, spielt sich keine persönliche Beziehung zu mir ein. Daher muß seine Verhaltensänderung allein auf die von mir gewährte neue räumliche Konstellation zurückzuführen sein. Auf die gleiche Art erlebt er sich offensichtlich vom anonymen Schatten seiner Eltern dirigiert.

In dieser auf so unpersönliche Weise hergestellten vertraulichen Atmosphäre erzählt er mir merkwürdige Dinge, die weniger vom Inhalt als von seiner Darstellungsart her mein Befremden erregen. Sehr detailliert berichtet er von seinem Schlafwandeln, seinen Alpträumen und endet mit einem Traum, in dem er sich selbst überdimensional groß erlebte und gemeinsam mit seiner Mutter mit den Monden und Sonnen des Weltalls wie mit Bällen spielte. Unschuldig und naiv intim geht er dabei mit mir um, ohne eine Empfindung dafür zu haben, daß mich seine vertrauliche Nähe mehr befremdet als die vorher bestandene Distanz.

Diese Szene hat deshalb eine so hohe diagnostische Bedeutung, weil die Unfähigkeit, eine distanzierte Objektbeziehung mit adäquaten Gefühlsgehalten zu erfüllen, in eine Situation umschlägt, in der uns trotz einer kindlich vertrauensvollen Nähe „Welten" voneinander trennen. Hinter der friedlichen Offenheit paaren sich kindliche Naivität mit grandiosen narzißtischen Phantasien, deren diagnostischer Stellenwert sich klar aus dem Ablauf der Szene ergibt. Natürliche Schutzmaßnahmen werden durch eine räumliche Veränderung überflüssig und machen einer regressiven Bewegung Platz, deren Dynamik mit ihren Inhalten erst die richtigen Informationen ergeben. Die Diagnose einer Borderlinestruktur ist allein vom Interview her praktisch nur aus der Dynamik der Szene zu erstellen.

Die Auswertung des Testmaterials bestätigt diese Auffassung und beschreibt die eben erlebte Szene mit etwas anderen Worten[2]: „Der Rorschach-Test ist insbesondere auf den dunklen Tafeln ausgezeichnet durch den Versuch des Patienten, sich auf grandiose, narzißtische Selbstvorstellungen zurückzuziehen, die jedoch kalt und unfruchtbar bleiben." „Tiefe Verlassenheitsängste zwingen den Patienten, nach Geborgenheit und Schutz zu suchen. Beides kann er nicht finden. Der Rückzug in die passive Rolle führt zu Versagen in der Realität, was er wieder durch Größenphantasien zu kompensieren versucht. Dadurch gehen die Objektbeziehungen immer weiter verloren."

[2] Ich danke Herrn Kollegen M. Muck für die Überlassung des Testbefundes.

DIE GESTALT DER GESPRÄCHSINHALTE

Ich habe das Wort Gestalt gewählt, weil ich überzeugt bin, daß Prozesse im gestaltpsychologischen Sinn bei der Betrachtung unseres Themas, die wir jetzt vornehmen wollen, einen wesentlichen Anteil haben. Der Rahmen dieser Arbeit und meine unzureichende persönliche Sachkenntnis auf diesem speziellen Gebiet erlauben es mir nicht, detailliert auf dieses interessante Problem einzugehen. Deshalb möchte ich mich darauf beschränken, in einer pragmatisch vereinfachten Form dieses Phänomen an einem Beispiel zu illustrieren.

Inzwischen haben wir gehört, daß in einem Erstinterview Material in Form von Informationen angeboten wird über Lebensschicksale, Erinnerungen, Beziehungskonfigurationen, Erlebnisse, Phantasien, aktuelle Konflikte, Sorgen, Klagen, Träume und vieles andere mehr. Darüber hinaus haben wir erfahren, daß diese Informationen nicht zufällig gegeben werden, sondern sich um eine Szene ranken, die als Kernstück des Erstinterviews für die Erfassung des seelischen Krankheitsgeschehens eine besonders wichtige Informationsquelle darstellt. Diese Szene verfügt über eine eigene Dynamik, deren Kräftespiel in ihrer wahren dramatischen Größenordnung erkennbar wird, wenn in der Szene Sprachkommunikation zur Vermittlung von Einsicht durch Handeln und Mithandeln abgelöst wird, das heißt wenn die Szene entartet.

Über diese wichtigen Erkenntnisse hinaus verdichtet das Material seine Sinnstrukturen in einer eigenen Gestalt. Es strebt nach einer zunehmenden Prägnanz. Die fortlaufenden spontanen Mitteilungen eines Patienten ergeben sich nicht aus einer zufälligen Sukzession der verschiedenen Themen, sondern sind als Strukturelemente anzusehen, die sich zu einem Sinngefüge zusammenschließen, wenn man den Darstellungsprozeß des

Patienten nicht stört. Man kann die besondere Bedeutung einzelner Informationen nachträglich konstatieren, wenn die Gestalt sichtbar geworden ist. Diese Tatsache fordert die technische Konsequenz, in der Erfassung der Bedeutung der Daten nicht linear progredient vorzugehen und dabei nur die neugewonnenen Informationen zu beachten, sondern sich vielmehr zirkulär auch die zurückliegenden Daten erneut vor Augen zu führen. Wir behalten Daten, deren Bedeutung wir nur ahnen, in unserer Erinnerung und arbeiten erst mit ihnen, wenn sie als Strukturelement des Sinnzusammenhanges erkennbar werden. Diese Technik entspricht der allgemein bekannten Grundregel für Analytiker, in gleichschwebender Aufmerksamkeit alle Informationen des Patienten zu betrachten, nicht kritisch einzelne auszuwählen und zu warten, bis alle ihren Sinn erhalten. In diesem Zusammenhang erinnere ich an die Bemerkung meiner Patientin: „ich versorge mich selbst", zu Beginn des Gespräches. Die individuelle Bedeutung dieser Anfangsinformation schälte sich erst allmählich heraus, nachdem „Selbstversorgung" als Schutzmechanismus vor Abhängigkeit, Hilflosigkeit und Resignation faßbar wurde.

Der Satz als solcher läßt eine Vielzahl von Deutungen zu, von denen aber nur eine auf diese Patientin paßt. Dem Interviewer werden mit der psychischen Krankheit des Patienten unbewußte Konfigurationen in Form einer individuellen Gestalt präsentiert. Sie wurde gebildet, als im Laufe des Lebens des Patienten unbewußte Vorgänge mit den vorbewußten Wahrnehmungsprozessen zusammenstießen, ihre Spuren hinterließen und sich in Anpassung an die inneren seelisch-ökonomischen Bedingungen und die äußere Realität zu einer solchen individuellen Gestalt ausformten. In unserer Gesprächssituation weisen diese Konfigurationen als Krankheitsphänomene psychopathologische Deformierungen auf, haben Lebenseinschränkungen nach sich gezogen und können sogar in eine völlig privatisierte Sphäre abgleiten, wie in unserem jetzt folgenden Beispiel:

Aus einem vor längerer Zeit unmittelbar nach einem Gespräch angefertigten Protokoll möchte ich die Sequenz der Informationen in ihrer ursprünglichen Sukzession wiedergeben. Hoffentlich gelingt es mir aufzuzeigen, daß jede einzelne Information Strukturbestandteil einer Materialgestalt ist und nicht zufällig in das Interview hineingeraten sein kann. Exakt läßt sich dieses Vorhaben nur an einem Verbatimprotokoll durchführen, das mir aber zu diesem Zeitpunkt noch nicht zur Verfügung steht. Ich habe deshalb die Absicht, nur an einem Beispiel darzulegen, was meine persönliche Erfahrung mir immer wieder bestätigt hat, seitdem ich mit dieser Technik arbeite.

Die Patientin war im Gegensatz zu unserer üblichen Patientenpopulation den Jahren nach eine „ältere Dame", obwohl sie trotz ihrer weißen Haare jünger aussah und einen noch sehr frischen und lebendigen Eindruck machte. Ich betone ihr Alter ausdrücklich, weil das ganze Gespräch sich um eine Aufklärung ihrer persönlichen Vergangenheit drehte, von der die Patientin sich immer noch beunruhigt fühlte. Trotz ihrer bewußten Motivation, sich einer gegenwärtigen Auseinandersetzung in Form einer Behandlung zu stellen, strebte ich nur eine Aussöhnung mit ihrem persönlichen Schicksal an. Ihr Entschluß wurde von einer chronisch-somatischen Krankheit ausgelöst, deren psychische Genese sie nach einem kürzlich gelesenen Buch erkannt zu haben glaubte. Der Abstand zur Vergangenheit gab dem Gespräch eine gewisse Leichtigkeit und rief an vielen Stellen ein Schmunzeln über die merkwürdigen Irrwege hervor, die Menschen begehen können. Ich möchte an dieser Stelle bereits das szenische Element dieses Interviews, das deutlich anzuklingen beginnt, verlassen und — meiner Absicht folgend — das nüchterne Material zu Worte kommen lassen:

Sie ist der klassische Typ einer Lehrerin mit Kostüm, straff nach hinten gekämmten und in einem Knoten zusammengefaßten Haaren und einer Hornbrille. Ihre strengen Züge werden aber durch ein Lächeln gemildert, das sie sympathisch macht und ihr einen mädchenhaften Reiz verleiht. Als sie das Gespräch mit der Feststellung beginnt, sie möchte sich auf Grund der Erkenntnis aus besagtem Buch ihrer eigenen Auseinandersetzung stellen, erschrecke ich über ihre Stimme, der man ihre Gewohnheit anmerkt, viele Kinder in Zucht und Ordnung zu halten. Die Patientin ist die Älteste von sieben Geschwistern, wurde aber auf Grund ihrer Zartheit und häufigen Kinderkrankheiten besonders geschont im Gegensatz zu ihrer nachfolgenden Schwester, die von den Eltern zu allen Arbeiten herangezogen wurde. Der Vater war von Beruf Lehrer und wachte darüber, daß alle Kinder in der Familie mit zupackten. Allein die Patientin genoß eine Sonderstellung. In diesem Moment mache ich meine erste Bemerkung, indem ich ihre Absicht, sich mit ihrer chronischen Erkrankung und deren psychischem Hintergrund auseinanderzusetzen, etwa mit dieser Aussage zusammenfasse: „Sie haben gegen diese Möglichkeit, sich mit Hilfe der Krankheit Sonderrechte zu verschaffen und geschont zu werden, offensichtlich immer sehr hart ankämpfen müssen." Die Patientin bestätigt diesen Kommentar, der den gegensätzlichen äußeren Eindruck, den sie auf mich macht, verbalisiert, indem sie festhält, sie sei immer hart gegen sich selbst gewesen und habe Verwöhnungstendenzen niemals nachgegeben. Wahrscheinlich sei ihre chronische Krankheit der Ausdruck dieser geheimen und bekämpften Wünsche. Die Eltern hätten sie zwar aus diesem Grunde als Kind noch sehr nachsichtig behandelt, aber diese Nachsicht hätte es später, besonders in ihrem Berufsleben, nie wieder gegeben. Im Gegenteil, um diese Krankheit endlich loszuwerden, habe sie sich mehrerer Operationen unterzogen, aber diese hätten niemals einen Erfolg gehabt, so daß sie sich noch heute mit diesem Leiden herumplagen müsse.

Aus diesen Daten fassen wir den ersten Gestaltansatz zusammen. Die Patientin hat sich in Aussehen, Haltung und Beruf eindeutig mit dem Vater identifiziert, nur ist sie noch strenger gegen eine zarte und vielleicht mädchenhafte Seite in ihr selbst, als es der Vater seinerzeit war. Dieser abgelehnte Teil ihrer Persönlichkeit meldet sich in ihrer Krankheit, und mit ihr muß sie sich herumplagen. Wahrscheinlich war ihre eigene Einsicht an Hand des Buches bis zu dieser Vorstellung hin vorgedrungen.

Die Patientin fährt nun fort, sie leide außer an dieser

chronischen Krankheit gelegentlich an Depressionen und erklärt gleich dazu, diese stammen von der Mutter, denn viele Verwandte der mütterlichen Linie hätten teils Depressionen gehabt, teils sogar Selbstmordversuche unternommen. Auf diesen Wechsel vom beschützenden väterlichen zum gefährlichen mütterlich-weiblichen Aspekt gehe ich nicht direkt ein, sondern zeige der Patientin mein Verständnis dafür, daß sie sich in ihrer Sonderstellung als verwöhntes Kind immerhin doch wohl sehr einsam und isoliert gefühlt und vielleicht Angst gehabt habe, es könne ihr genauso gehen wie den Verwandten der Mutter. Ich denke dabei, daß das Zarte und Mädchenhafte offensichtlich sehr gefährdet ist. Die Patientin korrigiert sich nun, sie sei vielleicht doch nicht so hart gegen sich selbst, denn obwohl sie in der Schule ständig Angst vor dem Versagen habe, mache ihr dieser Beruf doch auch sehr viel Freude, und sie sei sehr darauf bedacht, Verständnis für die Kinder zu haben und eine Arbeitsatmosphäre zu schaffen, in der den Kindern das Lernen Spaß macht. Dabei spielt wieder dieses zarte, sympathische Lächeln über ihr Gesicht und läßt durchblicken, wieweit sie sich bereits mit diesem Schicksal ausgesöhnt hat und sich unter diesen Kindern nicht mehr einsam fühlt. Die Identifizierung mit dem Vater, so schwer sie ihr auch fällt, bewahrt sie im Zusammensein mit den Kindern vor gefährlicher Vereinsamung, die mit dem Mütterlich-Weiblichen verbunden ist. Während ich darüber nachdenke, frage ich die Patientin, wie ihr Leben verlaufen sei. Die unbestimmt gehaltene Aufforderung zielt darauf ab, die bisher gewonnene unbewußte Gestalt (Identifizierung mit dem Vater und Vermeidung der Verwirklichung ihrer weiblichen Rolle) durch konkrete Lebensdaten anzureichern. Bereitwillig geht sie auf meine Frage ein und berichtet als erstes, daß sie als junges Mädchen einen Mann kennengelernt hatte, der an einem entfernten Ort wohnte. Sie haben viel miteinander korrespondiert und bereits den Plan gefaßt zu heiraten. In dieser Phase ihrer Beziehung kam ihr der Gedanke, ihrem Freund ein Bild von sich zu schicken. Von diesem Augenblick an ließ er nichts mehr von sich hören. Nachträglich wurde ihr bewußt, daß dieses Bild in einer ihrer depressiven Phasen aufgenommen worden war. Sie konnte nicht mehr begreifen, wie sie ihm ausgerechnet dieses Bild hatte zuschicken können, und ist sogar noch heute davon überzeugt, daß der Freund sich auf Grund des Eindrucks dieses Bildes von ihr zurückgezogen hat. Nach einer kleinen Pause setzt sie aber nachdenklich hinzu, es könne vielleicht auch die Angst vor einem Kind gewesen sein, denn ein uneheliches Kind wäre zur damaligen Zeit ein unlösbares Problem gewesen. Dazu ergänze ich: „Und deshalb haben Sie auch keinen sexuellen Kontakt zu ihm gehabt." „Nein, natürlich nicht", klärte sie mich sofort auf. Sie habe in ihrem Leben niemals einen intimen Kontakt zu einem Mann aufgenommen.

Unser Bild rundet sich nun: Als Mädchen kann und darf sie keinen Kontakt zu einem Mann haben, weil sie ein Kind bekommen würde und sich in ihrer Verzweiflung das Leben nehmen müßte, wie es seinerzeit noch häufig geschah. Das Weibliche bleibt entsprechend unserem anfänglichen Strukturansatz das bedrohliche Element, das sich nicht verwirklichen darf und mit Hilfe der männlichen Identifizierung unterdrückt werden muß. Die Identifizierung mit dem Weiblichen beschwört zwar immer noch Depression, Isoliertsein und Selbstmord herauf, hat sich jedoch mit einer neuen Thematik verbunden. Das die Gefahr heraufbeschwörende Element ist nicht mehr die mit dem Weiblichen verbundene Verwöhnung und Sonderstellung, sondern die Bedrohung der weiblichen Sexualität durch ein uneheliches Kind.

Um die bisher entwickelte Gestalt in ihrer infantil-unbewußten Konnotation verständlich zu machen, tragen wir aus unserer Erfahrung einen genetischen Zusammenhang bei. Wir müssen annehmen, daß die Patientin als kleines Mädchen von dem unbewußten Wunsch bedrängt wurde, wie die Mutter vom Vater ein Kind zu bekommen; denn sie hat sechs Schwangerschaften der Mutter miterlebt. Dieser geläufige infantile Wunsch war ihr wirkliches Problem und nicht die phantasierte Gefahr der Schwängerung durch ihren Freund, mit dem sie aus diesem Grunde keinen sexuellen Kontakt gehabt hat. Das Erlebnis mit dem Freund steht in der Sukzession der Interviewinformation als bewußte Erinnerung an Stelle der nicht mitteilbaren infantilen unbewußten Phantasie (Deckerinnerung) und verrät uns die zentrale Angst ihrer infantilen Neurose. Wir ergänzen aus den bereits bekannten Daten. Wegen dieser Angst hat sie den Ansatz ihrer weiblichen Beziehung zum Vater abgebrochen, indem sie sich beim Vater mit Hilfe ihrer Depression und Schonungsbedürftigkeit eine Sonderstellung anderer Art verschaffte. Sie ist dem Vater mit Sicherheit nicht kokett und verliebt begegnet, wie wir es bei kleinen Töchtern häufig beobachten können. Diese Sonderstellung tangierte die Beziehung zur Mutter nicht. Trotzdem blieb die Mutter latent in der Rolle der mächtigen Rivalin, weil hinter der krankheitsbedingten Sonderstellung die unbewußte Phantasie auf die Verwirklichung ihres Wunsches lauerte. Zur Verfestigung der Sonderstellung gegenüber dem Vater hat sich die Patientin zusätzlich mit ihm identifiziert und ist ihm dadurch auf eine unverfängliche Weise wiederum nähergekommen. Die einzige Männerbeziehung in ihrem Leben erschütterte ihr seelisches Gleichgewicht. Sie wurde nach dem Vorbild der ersten Liebesbeziehung mit dem Vater mit Hilfe der Darbietung ihres kranken weiblichen Bildes beendet.

Wir kehren zur Interviewsituation zurück und fragen uns beim Anblick des sympathischen mädchenhaften Lächelns auf ihrem sonst so strengen Gesicht, wie die Patientin es fertiggebracht hat, sich diesen weiblichen Zug zu bewahren. Er verkörpert inhaltlich das unberührte Mädchen.

In der aktuellen Gesprächssituation mit der „älteren Dame" nimmt dieses Lächeln einen versöhnlichen Charakter an, als ob sie in ihrem Leben doch nicht ganz auf die Verwirklichung ihrer weiblichen Wünsche verzichtet hat.

Auf diese Überlegungen wird uns die Patientin mit ihren nächsten Informationen bereits eine befriedigende Antwort geben. Die Sukzession der Daten folgt damit deutlich erkennbar dem Prägnanzprinzip.

Die Patientin ist mit der Fortführung ihres Lebensberichtes

beschäftigt und ahnt nicht, daß die Sequenz ihrer Aussagen durch unser Vorverständnis an Bedeutung gewinnt. Nach dieser Enttäuschung widmete sie sich ganz ihrer Berufsausbildung, kehrte aber nach dem Krieg ins Elternhaus zurück. Dort lebte sie mit den Eltern und der nachgeborenen Schwester zusammen, während die anderen Geschwister bereits das Haus verlassen hatten. Als die Eltern das uneheliche Kind einer ihrer Schwestern bei sich aufnahmen, kümmerte sie sich persönlich sehr um dieses Kind und sorgte dafür, daß der Junge mit zehn Jahren in ein Internat kam. Nach der Internatszeit — die Eltern waren inzwischen gestorben, und beide Schwestern hatten das Haus übernommen — holten sie den Jungen zu sich und waren bemüht, ihm ein wirkliches Zuhause zu bieten. Die Patientin meint, der Junge sei regelrecht bei ihnen „festgewachsen". Zur Zeit sei er viel im Ausland, benutze aber jede freie Gelegenheit, um sie und ihre Schwester zu besuchen. „So hatten Sie es doch noch verstanden, ein ‚eigenes Kind' großzuziehen und sich Ihnen unzugängliche Lebensbereiche zu erschließen", gebe ich ihr zu bedenken. Als Antwort schmunzelt sie nur und schweigt. Dieses gute Einvernehmen ermutigt mich, eine Frage zu stellen, die sich mir ohne erkennbaren Grund in diesem Augenblick aufdrängt: „Haben Sie nie in Ihrem Leben darunter gelitten, daß Sie bei dieser Lösung körperlich unbefriedigt bleiben mußten?" Freimütig gibt sie zu, sie hätte von Kindheit an bis ins Erwachsenenalter onaniert — aber immer mit großer Schuld und einem Gefühl der Sünde. Eigentlich hätte sie mehr wie unter einem Zwang dem körperlichen Drang nachgeben müssen. Das klingt aus dem Abstand zur Vergangenheit durchaus natürlich. Um so verblüffter bin ich, als die Patientin nach einer Pause fortfährt, es käme noch gelegentlich vor, daß sie einen solchen flüchtigen Reiz verspüre. Bei diesen Worten zieht eine feine Röte über ihr Gesicht. Sie ist also tatsächlich bis heute das Mädchen geblieben — das kleine Mädchen mit dem sympathischen Lächeln und das kleine Mädchen, das sich für seine sexuellen Wünsche schämt. Der Kontrast zwischen Strenge und mädchenhaftem Lächeln hat sich nun zu einem Gegensatz von mädchenhaftem Lächeln zu mädchenhafter Schamröte verschoben. Die abgewehrte mädchenhaftweibliche Position ist zum Mittelpunkt des Gespräches geworden. Obwohl jetzt in der Gesprächssituation etwas sehr Zartes, Weibliches zutage tritt, das eher rührend verloren als peinlich wirkt, fährt die Patientin fort, mich davon zu überzeugen, daß sie es in ihrer männlichen Identifikation mit ihrem Vater nicht nur erreicht hat (ohne Sexualität) ein „eigenes" Kind großzuziehen, sondern auch noch (ohne Sexualität) eine „glückliche Ehe" zu führen. Sie lebt — wie bereits ersichtlich — mit ihrer Schwester allein zusammen. Diese führt den Haushalt und versorgt sie mindestens so gut wie seinerzeit die Mutter den Vater. Die Patientin übt ihren Beruf als Lehrerin aus und verdient für sie beide das Geld. Die Schwester ist oft traurig, daß sie kein eigenes Geld zur Verfügung hat, obwohl sie sich beide den Verdienst teilen. Die Patientin geht in der Schilderung ihrer gemeinsamen Probleme weiter ins Detail, bis ich ihr deuten kann, sie hätten beide die typischen Ehekonflikte der heutigen Zeit. An ihren eigenen Schilderungen wird ihr zunehmend bewußt, daß sie mit ihrer Schwester in einer „Ehegemeinschaft" lebt und erinnert sich, daß sie so etwas immer schon dumpf gefühlt haben muß, denn sie habe oft scherzhaft zur Schwester gesagt, sie wären beide miteinander verheiratet. So kommt der „Sohn" zu Besuch zu den „Eltern", wird verwöhnt, und hinterher bleiben sie allein zurück wie ein älteres Ehepaar, dessen Kind nun schon erwachsen ist. Die Patientin versteht plötzlich, warum sie oft Angst gehabt hat, sie könne den Schuldienst nicht mehr bewältigen, und erkennt auch, daß sie sich in ihrer männlichen Identifizierung trotz der vielen gutgelungenen Kompensationen immer überfordert hat und etwas anderes unentwickelt und verkümmert ließ. Sie hätte jetzt vieles, worüber sie nachdenken könnte, meinte sie beim Abschied, und ich glaube, sie sah ein, daß das auch wieder eine Kompensation bleiben mußte, weil eine grundsätzliche Änderung ihres merkwürdigen Lebensschicksals nicht mehr sinnvoll war. Diese Lösung ihres Problems war nicht die schlechteste, wenn allerdings auch mit einer chronischen somatischen Erkrankung und gelegentlichen Depressionen erkauft.

DIE AUSWIRKUNGEN DER GESPRÄCHSSITUATION

Die Dynamik der Szene in der Gesprächssituation versieht naturgemäß die weitere Beziehung zum Interviewer oder die Erinnerung an ihn mit einer persönlichen Note. Der Patient, der nach seinen Wünschen und Phantasien im Interviewer endlich den verständnisvollen Elternteil gefunden hat, wird die Fortsetzung des Kontaktes anstreben, zumindest des Interviewers in Dankbarkeit und Verehrung gedenken. Alle möglichen Beziehungskonstellationen finden so ihren Ausdruck. Von solchen positiven Auswirkungen des Interviews wollen wir in diesem Zusammenhang nicht sprechen, denn sie fördern den Kontakt und auch die Behandlungsbereitschaft des Patienten, wie wir es gerne sehen. Unser bevorzugtes Interesse muß den negativen Auswirkungen gelten, weil diese dem Ziel des Erstinterviews zuwiderlaufen.

Alle Patienten, die an manifesten seelischen Krankheitssymptomen leiden, empfinden sich als Opfer fremdartiger, unbewußter Kräfte, auch wenn sie bereits die Erkenntnis gewonnen haben, daß diese etwas mit ihrer eigenen Person zu tun haben. Sie bleiben „ichfremd", wie wir es nennen. Wir haben gehört, daß die Patienten einen Widerstand inszenieren, diese unbewußten Vorgänge auf sich selbst zu beziehen und sie in ihr Bewußtsein aufzunehmen. Diese Fähigkeit, bestimmte seelische Inhalte vom Bewußtwerden fernzuhalten, bietet einen natürlichen Schutz für die Persönlichkeit, sogar wenn sie störende und krankhafte Erscheinungen zur Folge hat. Krankheit stellt offensichtlich in mancher Hinsicht das kleinere Übel dar gegenüber der Gefahr, sich in Frage zu stellen entgegen den Vorstellungen und Idealbildungen, die man von sich selbst erworben hat. Jede Konfrontation mit dem Unbewußten steigert entweder den Widerstand oder hat traumatische Folgen, die sich als Kränkung, gepaart mit einem Vorwurf gegen den Interviewer auswirken. Dieser eindeutige Tatbestand ist die Ursache dafür, daß psychotherapeutische Behandlungen lange Zeiträume beanspruchen, denn die Bewußtseinserweiterung für seelische Krankheit verläuft über viele Umwege und Widerstandsmanöver. Der Interviewer befindet sich deshalb in einem ausgesprochenen Dilemma. Wenn er den Patienten an den Erkenntnissen über seine Krankheitshintergründe nicht beteiligt und ihn nur als eine Informationsquelle betrachtet, bleiben seine Theorien über die Krankheit unvollkommen und oft nicht überzeugend, wie wir bereits angedeutet haben. Außerdem erfährt der Interviewer nichts darüber, ob der Patient wirklich für eine Gesprächsbehandlung geeignet ist, mit welchen persönlichkeitsgebundenen Widerständen er rechnen muß und wie diese mit der Krankheit des Patienten zusammenhängen. Die Prognose und Indikation zu einer psychotherapeutischen Behandlung läßt sich unter diesen Umständen nur im Zusammenwirken von klinischer Erfahrung und Diagnose stellen, ohne Rücksicht auf die individuelle Variante des Krankheitsgeschehens dieses individuellen Patienten. Hinzu kommt, daß das heutige diagnostische Begriffssystem noch zu unverbindlich ist. Der Interviewer muß deshalb zu hohe Irrtums- und Enttäuschungsquoten in Kauf nehmen, die sich nicht mehr verantworten lassen, wenn der Patient nicht mehr allein die finanziellen Opfer zu tragen hat, sondern die Allgemeinheit, z. B. ein Versicherungsträger, mit ihnen belastet wird.

Benutzt der Interviewer dagegen die Gesprächssituation zu einer psychotherapeutischen Probe und beteiligt den Patienten, soweit es die Situation erlaubt, dann muß er mit einem Widerstand rechnen, der sich oft erst nach dem Gespräch als Kränkung manifestiert, und läuft dazu noch Gefahr, in den Strudel einer gegen ihn gerichteten Dynamik hineingezogen zu werden, wenn er auch dabei etwas von der Kooperationsfähigkeit des Patienten und seiner spezifischen Dynamik zu Gesicht bekommt. In meiner Interviewarbeit aus dem Jahre 1967[1] habe ich eine Patientin

[1] H. Argelander: Das Erstinterview in der Psychotherapie, Psyche XXI (1967) S. 455.

beschrieben, die bewußt durchaus gern zu einem zweiten Gespräch kam, aber mir unbewußt zu verstehen gab, sie habe das erste Interview unter dem Motto erlebt: „Ein Mann hat mir etwas Schreckliches angetan." Nach dieser Formel machte sie auch ihren Mann für ihre Krankheit verantwortlich und äußerte darüber hinaus noch eine Traumtheorie über die Herkunft ihres Leidens. Sie hatte die feste Vorstellung, man könne sie von ihrer Krankheit erlösen, wenn man dieses schreckliche traumatische Ereignis, das sie vermutete, in einem Traum ausfindig machen könnte. Bei dieser Patientin hatte die individuelle unbewußte Dynamik der Szene die Kränkung noch verdeckt und nur einen unbewußten Konflikt mit dem Interviewer hervorgerufen, der das äußere Verhältnis in keiner Weise trübte, auch nicht die Erinnerung an ihn.

M. u. E. Balint[2] haben 1961 in ihrem Buch die gleiche Ansicht vertreten: „Die Interviews beim Psychiater wie auch die Testsitzungen sind plötzliche Ereignisse und können daher im Gegensatz zu einer länger bestehenden Behandlung traumatisch wirken. Der durch das Interview erlebte Schock kann eine therapeutische Wirkung haben, besonders wenn er sich in einer vom Arzt geschaffenen und vom Patienten übernommenen aufrichtigen, rückhaltlosen Beziehung ereignet." Dazu möchte ich ein Beispiel zitieren: Eines Abends bat eine Ausländerin, die auf der Durchreise war, dringend um ein Gespräch. Sie befand sich in einer ausgesprochenen Panikstimmung. Der erste Eindruck von ihrer Persönlichkeit und die bedrohliche innere Krise veranlaßten mich, ein aufrichtiges Gespräch mit ihr zu führen und sie, soweit es irgend möglich war, an meinen Erkenntnissen teilnehmen zu lassen. Ich versuchte nicht, sie zu beruhigen, sondern war rückhaltlos offen, allerdings streng begrenzt auf die Manifestationen, die sich aus unserer Gesprächssituation ergaben. Die Patientin beruhigte sich äußerlich während dieses Gespräches, setzte aber — nach meiner Vermutung innerlich aufgewühlt — ihre Reise fort.

[2] M. u. E. Balint: Psychotherapeutische Techniken in der Medizin, Bern und Stuttgart (Huber-Klett) 1961, S. 61.

Nach einem guten halben Jahr schrieb sie mir einen Brief, aus dem ich einige typische Passagen wiedergeben möchte: „Ich habe kein gutes Gewissen, daß ich mich erst heute bei Ihnen bedanke. Seit damals habe ich vier Ansätze gemacht, aber alle wieder zerrissen. Heute lächle ich darüber. Sie haben mich aber auch wirklich sehr hart angefaßt. Schrecken und Entsetzen darüber sitzen mir noch heute in den Gliedern." „Am meisten geholfen hat mir ihre nüchterne Darstellung der Realität. Es ist erstaunlich, was wir aus einer Situation machen, wenn unsere Gemüter erregt sind. Darüber hinaus haben Sie mir den besten Rat gegeben, den ich je in meinem Leben bekommen habe. Dieser Rat hat tatsächlich für mich in den vergangenen fünf Monaten eine Zerreißprobe gebracht, der ich fast erlegen wäre. Sie glauben gar nicht, wie ich Sie manchmal gern um Rat gefragt hätte, trotz aller Angst vor Ihnen — denn man legt nicht so schnell die Gewohnheit eines Lebens ab, aber ich gebe mir jetzt Mühe, meine Handlungen nach dieser Richtung hin kritisch zu beurteilen." „Über alles bewundere ich Ihre Menschenkenntnis. Sie haben in fast allem recht gehabt, es kam auch so, wie Sie vorausgesagt hatten." „Es geht mir gut."
Mit ein paar Zeilen bedankte ich mich für diesen Brief und erhielt wieder ein halbes Jahr später eine weitere Nachricht: „Ihr Schreiben hat mich insofern verblüfft, als mir überhaupt nicht in den Sinn gekommen war, daß auch der Ratgebende eine Beteiligung an einem Gespräch hat. Eigentlich müßte ich das von mir selber wissen. Im Verhältnis Psychiater – Patient addiert sich noch ein anderes Moment: Scham. Man legt sein Seeleninneres offen, wenn die Erregung abgeklungen ist, zeigen sich Ärger und Scham, daß man sich soweit ‚entblößt' hat. Harte Kritik ist schwer zu ertragen, besonders, wenn sie den Nagel auf den Kopf trifft. Kritik kann einen großen Sturm verursachen, das weiß ich nun von mir selber. Ich habe lange genug gebraucht, ehe ich wieder so im Gleichgewicht war, um mich aufrichtig bedanken zu können. Wieweit ich mir alles zu Herzen nehme, was ich bei Ihnen gelernt habe, will ich gleich erläutern: ..."
Es folgt eine sehr detaillierte Schilderung von zwei Begeben-

heiten, in denen die Patientin eine neue und gegenüber früher veränderte Haltung eingenommen hat, die sie jetzt dazu befähigt, ihr früheres Verhalten kritisch zu betrachten und sich von ihm weitgehend zu distanzieren.

So kann sich ein Interviewgespräch von einer knappen Stunde Dauer auswirken, wenn das Ungewöhnliche der Situation intensiv zur Sprache gebracht wird. Dieses sicherlich nicht nachahmenswerte Beispiel einer Notfallsituation lehrt als Extremfall, welche gefährlichen Prozesse durch ein Erstinterview in Gang gesetzt werden können, welche realen Folgen sie bei einer weniger einsichtsfähigen und stabilen Persönlichkeit haben und welche Umsicht wir beim Umgang mit diesem Instrument walten lassen müssen. Diese Erfahrung legt uns auch eine abgestufte Differenzierung der Erstinterviewtechnik nach einem rein diagnostischen, einem therapeutischen und einem Notfallgesichtspunkt nahe – Techniken, mit denen wir uns noch weiter beschäftigen werden.

Im Zusammenhang mit unserem augenblicklichen Thema möchte ich die Art der Auswirkungen noch etwas näher erläutern. Dabei lasse ich das eigentlich szenische Element aus dem Spiel, um mehr auf das allgemein Gesetzmäßige zu kommen, mit dem wir unabhängig von der szenischen Dynamik zu rechnen haben.

Die Bemerkungen über meinen Rat und meine angebliche Menschenkenntnis, die sich so bewahrheitet habe, beziehen sich auf eine Einsicht, die ich in dieser äußerlich durchaus ruhigen, aber sehr offenen Gesprächsführung aus ihrer Krankheitssituation in Übereinstimmung mit der aktuellen Szene gewonnen und in folgendem Wortlaut formuliert habe: Aus ihrer großen Abhängigkeitshaltung müsse sie sich immer wieder in die Belange anderer Menschen einmischen und käme dadurch in eine hilflose Situation. Diese Formulierung klingt für einen Außenstehenden sicher sehr banal, oberflächlich und wenig bedeutungsvoll. Ihre Treffsicherheit verdankt sie keineswegs meiner Menschenkenntnis, sondern vielmehr dem Umstand, daß ich sie im Einklang mit dem szenischen Element der Situation evident machen konnte. Damit verlor der Widerstand der Patientin seine momentane Gewalt, und sie konnte ihre Problematik wahrnehmen, die sie erst viel später an ihren realen Lebensumständen voll begriff. Aus meiner Formulierung leitete sie sich selbst den Rat ab: „Mische dich nicht immer in die Angelegenheiten anderer ein, sondern beweise dir, daß du auch unabhängig und selbständig sein kannst." Die Befolgung dieses Rates, den sich die Patientin — wie gesagt — selbst gegeben hatte, konfrontierte sie mit völlig neuen Lebenserfahrungen. Erst die letzteren verhalfen ihr zu der Erkenntnis, in welcher Abhängigkeit sie vorher tatsächlich gewesen war und in welche Hilflosigkeit sie ihre Einmischungstendenz ständig versetzt hat. Sie schreibt selbst: Dieser Rat hat tatsächlich für mich in den vergangenen fünf Monaten eine Zerreißprobe gebracht, der ich fast erlegen wäre. Sie mußte also in einer Zerreißprobe gegen sich selbst, gegen ihre bisherige Persönlichkeitshaltung ankämpfen. „Man legt nicht so schnell die Gewohnheiten eines Lebens ab", auch wenn — so müssen wir jetzt hinzufügen — Hilflosigkeit und Panik ihre Folgen sind. In diesem Fall scheint Krankheit das kleinere Übel.

Trotz der Einsicht in die Richtigkeit und Berechtigung meines Vorgehens hatte die Patientin in ihrer ambivalenten Gefühlseinstellung eine ausgeprägte negative Reaktion auf mich durchzustehen, „Schrecken und Entsetzen sitzen ihr noch heute in den Gliedern". Der Vergleich meiner Formulierung und des nach ihr thematisierten Gespräches mit der über ein halbes Jahr sich hinziehenden negativen Reaktion läßt keinen Zweifel, daß die Kränkung aus einer inneren Quelle der Patientin stammt. Im zweiten Brief schreibt die Patientin, sie könnte sich bei mir erst bedanken, nachdem sie wieder ins Gleichgewicht gekommen war. Diesen Satz sollte man wörtlich nehmen. Die Gesprächssituation mit mir hatte sie aus dem seelischen Gleichgewicht gebracht, ihre bisherige Harmonie empfindlich gestört und sie gezwungen, sich neuen Erfahrungen mit der Realität zu stellen. Ihre negative Erinnerung an mich nahm mit ihren Lebensveränderungen progressiv ab. In der Zerreißprobe kämpfte sie bereits mit sich selbst. Im zweiten Brief nach einem Jahr korrigierte sie ihr Urteil über mich weiter: „... es wäre mir überhaupt nicht in den Sinn gekommen, daß auch der Ratgebende eine Beteiligung an einem Gespräch hat." Der Interviewer verwandelte sich für sie von einem hartanpackenden Phantom zu einem Menschen. Erst unter dieser Bedingung konnte die Patientin erklären, was sich zugetragen hat: „Man legt sein Seeleninneres offen. Wenn die Erregung abgeklungen ist, zeigen sich Ärger und Scham, daß man sich soweit entblößt hat." Aus ihrer ambivalenten Haltung klingt noch einmal ein Groll an: „Kritik ist schwer zu ertragen, Kritik kann einen großen Sturm verursachen, das weiß ich nun selber." Wieder besteht auf Grund des Nachsatzes der Verdacht, daß die Patientin ihre eigene Kritik auf den Interviewer abwälzt und sich auf seine Kosten entlastet. Ein solches Verhalten erscheint durchaus gerechtfertigt, da der Interviewer diesen Prozeß, wenn auch mit der Beteiligung und dem Einverständnis der Patientin, eingeleitet hat. Er trägt eindeutig die Verantwortung für eine solche Auswirkung des Gespräches. Ohne sein Dazutun hätte sie nicht stattgefunden, jedenfalls nicht in dieser dramatischen Form.

Die Evidenz der Formulierung hat die Patientin um den Schutz des Widerstandes gebracht und ihr nur die Entlastungsmöglichkeit gelassen, ihren Ärger am Interviewer abzureagieren. Anstelle des Widerstandes wird eine Aggression frei, die die Neukonstruierung des seelischen Gleichgewichtes begleitet und sichtbar abklingt, nachdem eine neue Harmonie erreicht ist. „Heute lächle ich darüber."

Kein besonnener Interviewer wird ohne zwingende Not einen solchen gefährlichen Prozeß in Gang setzen. Dieser Prozeß ist langfristig zur Heilung unausweichlich notwendig, kann aber als plötzlicher Schock traumatisch wirken oder mit der akuten Angst des Patienten seinen schützenden Widerstand erheblich steigern.

Als Konsequenz für die Interviewtechnik ergibt sich daraus die Aufgabe, das explosive Kräftepotential, der Persönlichkeit des Patienten angemessen, freizugeben, ohne das Ziel des Interviews zu gefährden und auf den Stand der reinen Datensammlung zurückzufallen. Der Ablauf der Gesprächssituation selbst und mit ihm die Beobachtung der Reaktionen des Patienten sind kein sicheres Kriterium. Wir haben von unserer Patientin gelernt, daß die negative Reaktion nach einer Latenzphase auftritt, sobald die Erregung abgeklungen ist und die gewonnenen Erkenntnisse ihre Ansprüche anmelden.

Dieses Moment der Erregung ist offensichtlich von größter Wichtigkeit. Wir begegneten ihm oft in den Seminaren mit unseren praktischen Ärzten, die ihre Patienten viel häufiger in einem akuten Leidenszustand antreffen als wir Psychotherapeuten. Die Patienten sind in dieser Verfassung viel ehrlicher gegen sich selbst und damit auch zugänglicher für eine treffende Deutung. Die Deutung kann unter solchen Umständen eine therapeutische Chance wahrnehmen, aber auch Gelegenheit zu einer massiven Kränkung bieten. Einen derartigen Fall habe ich in meiner Arbeit[3] beschrieben, an dem der Arzt seine Chance verpaßte und in einer falsch verstandenen Identifikation mit dem Psychotherapeuten nach Abklingen des akuten Krankheitsgeschehens auf ein psychisches Widerstandsphänomen stieß, dem er auf Grund seiner Ausbildung nicht gewachsen sein konnte. Im akuten Zustand der Krankheitserregung ist der Patient durch seinen persönlichkeitsgebundenen Widerstand weniger gut geschützt. Diese Tatsache sollte uns zu größter Vorsicht mahnen, selbst wenn wir in einer Notfallsituation eine hilfreiche Chance wahrnehmen möchten. Der Patient, der uns in einem verabredeten Interview mit seinem vollen Widerstand gelassen begegnet, ist wesentlich weniger gefährdet.

Viele andere Faktoren spielen bei den negativen Auswirkungen des Interviews eine Rolle. So ist z. B. der völlig unaufgeklärte Patient, der das Interview mit falschen Vorstellungen aufsucht, entweder überhaupt nicht tangierbar oder überraschend traumatisierbar. Er wird nachträglich aus mangelnder Einsicht nicht die Fähigkeit besitzen, der Vorwurfsneigung gegen den Interviewer zu begegnen, und seine Ambivalenz überwinden, wie es unsere Patientin immerhin nach einem — wenn auch erstaunlich langen Zeitraum — fertigbrachte.

[3] H. Argelander: Angewandte Psychoanalyse in der ärztlichen Praxis, Jahrbuch der Psychoanalyse Bd. VI, 1969, Huber.

DAS INTERVIEW ALS GRENZSITUATION

Wir haben seinerzeit das Wort „Grenzsituation"[1] in Ermangelung eines anschaulicheren Begriffes gewählt, um die Verflechtung der verschiedenen Informationsprozesse zu einem bestimmten Zeitpunkt des Gespräches zu charakterisieren. Objektive, subjektive und situative Daten gewinnen in bestimmten Phasen der Gesprächssituation ein Übergewicht als Aussage. W. Schraml bezeichnet den kritischen Punkt einer solchen Phase als Schwelle. In seinem Beispiel dauerte es 25 Minuten, bis nach dem genauesten Abspulen objektiver Daten eine Schwelle oder Grenze erreicht wurde, an der eine dynamische Informationsgestalt das Hauptelement der Selbstaussage bildete, und zwar in der Formel: Mit einem so perfektionistischen Menschen hat man es schwer. In Verbindung mit den Daten des Familienkonfliktes konnte der Interviewer aus der passageren Identifikation mit den Angehörigen verstehen, welches Moment diesen Konflikt auslöste und ihn entsprechend als Frage verbalisieren. Die unmittelbare Reaktion des Patienten bestätigte als Evidenzerlebnis die korrekte Erfassung der unbewußt präsentierten Informationen, legte den dynamisch situativen Prozeß frei und lieferte die wichtige Information nach, daß der Patient sein scheinbar erstarrtes Stereotyp bis zu einem gewissen Grade ablegen kann und zu Einsichten fähig ist.

Man sieht deutlich, wie an diesem Punkt des Gespräches die fortschreitende Materialgestaltung, die Dynamik der Szene und die Auswirkung einer Deutung in Frageform zu einer neuen Information zusammenfließt. Dieses Phänomen des Erstinterviews bezeichnen wir als Grenzsituation. Dabei muß man sich

---

[1] H. Argelander: Das Erstinterview in der Psychotherapie, Psyche XXI (1967) S. 429.

vergegenwärtigen, daß sowohl der Patient als auch der Interviewer Kommunikationsleistungen erbringen und Wahrnehmungsfähigkeiten einsetzen müssen, ehe eine solche Informationsgestalt zustande kommt. Ein großer Teil dieser Kommunikationsprozesse verläuft vorbewußt, d. h. ist dem Bewußtsein nicht unmittelbar zugänglich. Wir sind heute noch weit entfernt davon, diese Vorgänge voll erfassen und erklären zu können. Darin liegt offensichtlich eine der Ursachen, warum subjektive und situative Daten immer noch mit größter Reserve betrachtet werden, obwohl es in der Psychotherapie kein vernünftiges Argument dafür gibt, daß objektive Daten eine verläßlichere Auskunft bieten als andere. Unsere wissenschaftliche Hochschulbildung impft uns mit unnachgiebiger Strenge ein, daß nur solche Krankheitsinformationen als zuverlässig anzusehen sind, die nach objektiven Kriterien gewonnen werden und nachprüfbar sind. In dieser Ausbildung wird uns aber nicht offen mitgeteilt, daß für diese Objektivität ein hoher Preis bezahlt werden muß, denn die Situationen werden zu extrem auf die Informationsebenen beschränkt, die nach dem Stand der Wissenschaft noch kontrollierbar erscheinen. So korrekt ein solches Vorgehen im experimentellen Sinne ist, weil es objektive Nachprüfungen gestattet, darf nicht verschwiegen werden, daß allein das begrenzte Wissen vom Menschen diese Vorsichtsmaßnahme rechtfertigt. Diese Einschränkung wächst sich zu einem sinnlosen Vorurteil aus, wo Phänomene beobachtet und beurteilt werden müssen, bei denen die objektive Wahrnehmungsebene einfach inadäquat ist. In einem groben Vergleich würde diese Einstellung bedeuten, daß die Phänomene, die man durch ein Fernrohr oder ein Mikroskop ausmacht, einer objektiven Kritik nicht standhalten, da man sie nicht mit den gewöhnlichen Mitteln reproduzieren kann. Bestätigen kann sie nur derjenige, der das gleiche Instrument zu Hilfe nimmt und mit ihm umgehen kann. Niemand wird heute ernsthaft die Wissenschaftlichkeit eines solchen Instrumentes anzweifeln. Zur Zeit seiner Erfindung wurde ein solches Vorurteil allerdings auch geäußert. Man kennt die Gesetze eines Mikroskopes oder eines Fernrohres, und das ist der entscheidende

Gesichtspunkt. Die Gesetze der subjektiven und situativen Wahrnehmung kennen wir heute nur sehr bedingt und neigen deshalb dazu, die mit ihrer Hilfe gewonnenen Ergebnisse zu verleugnen, anstatt unsere Unwissenheit zuzugeben. Ohne Zweifel existieren die Phänomene, die wir mit ihrer Hilfe beobachten können. Vorerst lassen sich die Gesetzmäßigkeiten noch nicht so exakt bestimmen, wie es eine strenge Wissenschaftlichkeit fordert. Dieses Schicksal teilt die Psychotherapie mit ihrer Schwesterwissenschaft, der Medizin, bei der die unsystematische Beobachtung streng empirischer und erkenntnistheoretischer Forschung vorauseilte, weil die Heilung der Leiden keine andere Wahl zuließ. Auch die Medizin hat sich durch ein Gestrüpp magischer Denkweisen hindurcharbeiten müssen, und die fortschreitende Wissenschaft hat manches bestätigt, was schon vorher in intuitiver Anwendung Erfolg brachte, manches als Scharlatanerie entlarvt. Diese Entwicklung ist heute noch keineswegs abgeschlossen.

Uneingestanden lassen sich viele erfahrene Ärzte von ihrem klinischen Blick, viele Psychiater vom sogenannten Praecoxgefühl leiten. Eine solche Wahrnehmungsweise müßte als unwissenschaftlich abgelehnt und verworfen werden, da niemand genau weiß, wie sie zustande kommt und woher sie ihre Treffsicherheit bezieht. In diesen beiden Disziplinen, die ausschließlich vom Menschen handeln, nimmt die individuelle Behandlungskunst immer noch eine gewisse Vorrangstellung vor der wissenschaftlichen Betrachtung ein. Neuere Untersuchungen verschiedener Forschungsrichtungen bemühen sich um die wissenschaftliche Erfassung des kreativen Denkens und stoßen damit in das unbekannte Gebiet der subjektiven Wahrnehmung vor. Sie werden hoffentlich im Laufe der Zeit weitere Aufklärungen bringen. Auch in der Psychotherapie wird von Psychoanalytikern dieses Wahrnehmungsinstrument erforscht, seitdem die psychoanalytische Ichpsychologie in den Mittelpunkt des Interesses gerückt ist. Der Begriff „Empathie" droht zu einem Schlagwort zu werden. Er besagt, daß über das einfühlende Verstehen Fremdseelisches erkannt werden kann. So entwickeln Mütter diese besondere empathische Fähigkeit, um die lebensnotwendigen Bedürfnisse ihrer kleinen Kinder zu verstehen. In seltenen Fällen verfügen Personen mit schweren psychischen Krankheiten, die sich durch eine erhöhte Abhängigkeit von anderen Menschen auszeichnen, über die spezifische Sensibilität, unbewußte Vorgänge bei anderen zu erfassen. In der Gruppenpsychotherapie bezeichnet man diese Fähigkeit als „Radarfunktion".

Mit dem kleinen Exkurs möchte ich darauf hinweisen, daß die kritische Einstellung gegen die Verwertung subjektiver und situativer Daten — soweit sie heute noch berechtigt ist — nicht darauf hinauslaufen darf, solche Daten als unwesentlich abzutun und sich damit ganz entscheidender Erkenntnismöglichkeiten zu berauben. Die Kritik sollte vielmehr anspornen, die Instrumente der subjektiven Wahrnehmung intensiver zu erforschen. An der jüngeren Geschichte der Psychotherapie läßt sich ablesen, wie scheinbar sachliche Kritik von Zeitströmungen beeinflußt wird und sich in Vorurteilen verfestigt. Nachdem sich die Kritiker zunächst an Freuds Trieblehre (Sexualität) erhitzten, versuchten sie, zu einem späteren Zeitpunkt die Entdeckung des Unbewußten zu leugnen. Da diese Argumente heutzutage kaum noch jemand zu ernsthafter Polemik verlocken, flüchtet man sich in den Vorwurf der Unwissenschaftlichkeit und übersieht dabei, daß die moderne Psychotherapie neue Grundlagen in der Wissenschaft vom Menschen erarbeitet. Sie stellt damit keineswegs die Prinzipien der Wissenschaft in Frage. Allerdings fordert sie zu einer Neubesinnung über die Theorie der Wissenschaft heraus[2].

Unangebrachte Kritik kann die Forschung in diesem eminent wichtigen Feld unnötig blockieren und den begabten Nachwuchs in attraktivere Disziplinen abdrängen. Bei der erschreckend rückständigen Lage der Psychotherapie gegenüber dem ungeheuren Vorsprung der naturwissenschaftlichen Fächer können wir uns eine solche Entwicklung nicht mehr leisten.

Wir halten fest: Der Psychotherapeut arbeitet heute mit mehreren zum Teil noch unerforschten Wahrnehmungsfunktionen.

[2] Vgl. J. Habermas: Erkenntnis und Interesse, Theorie 2, Suhrkamp, 1968.

Sie kommen während des Gesprächsablaufes im Interview phasenweise zum Einsatz und werden in einer sehr sorgfältigen und anspruchsvollen Ausbildung soweit vervollkommnet, wie es der heutige Erkenntnisstand erlaubt. Bei der Patientin, die sich selbst mit Feuer bediente, wurde die Bedeutsamkeit der szenischen Aussage bereits im Auftakt des Interviews erfaßt, während die Einordnung dieser Information und ihr volles Verständnis erst nachträglich bei Auftreten der Grenzsituation mit Hilfe anderer Daten gelang. Die sogenannte Grenzsituation, in der mehrere Wahrnehmungsweisen integriert werden, kann jederzeit und überraschend in Erscheinung treten. Die verschiedenen Wahrnehmungsweisen sind mit Prozessen verknüpft, die in der Psychotherapie eine herausragende Rolle spielen und wenigstens dem Namen nach Erwähnung finden sollen, obwohl ihre Besprechung in das Gebiet der Technik der Psychoanalyse gehört: Übertragung, Gegenübertragung, therapeutische Ichspaltung, Empathie, Abwehrmechanismen, passagere Identifizierung und Regression im Dienste des Ich.

Rufen wir uns noch einmal das Beispiel des Mikroskops in Erinnerung. Es genügt nicht, die Gesetzmäßigkeiten des Instrumentes genau zu kennen, um feinere Differenzierungen des gleichen Substrates ausmachen zu können. Entscheidend für Forschung und Praxis ist darüber hinaus die Fähigkeit, das Wahrgenommene auch richtig deuten zu können. Nicht immer vermittelt die stärkere Optik einen genaueren Einblick, da sie mit einer Verkleinerung des Beobachtungsfeldes und unter Umständen mit einer Verminderung der Übersicht einhergeht. Im allgemeinen ist das scharf eingestellte Bild so typisch, daß der Erfahrene am kleinsten Detail die Diagnose stellen kann. Nicht selten ist das Bild aber vieldeutig, so daß makroskopische Befunde hinzugezogen werden müssen, um das Material eindeutig zu identifizieren. Ähnlich verhält es sich in der Psychotherapie. Die Grenzsituation ist daher als starke Vergrößerung zu verstehen.

Aus diesem Vergleich können wir zwei weitere wichtige Gesichtspunkte für den Umgang mit Grenzsituationen entnehmen. Zunächst wird die unbestrittene, aber häufig übersehene Tatsache unterschätzt, daß zur geschulten Deutung Wissen und Erfahrung gehören. Nur, wer die großen Zusammenhänge kennt, sie immer wieder studiert und im Umgang mit ihnen Erfahrung gewonnen hat, kann scharfeingestellte Details richtig interpretieren, und — wie schon gesagt — auch das nicht immer. Häufig erkennt auch der Erfahrene nur die Bedeutung, benötigt aber weitere Daten, um das Detail in die größeren Zusammenhänge korrekt einordnen und damit im eigentlichen Sinne deuten zu können. Der erste selbstverständlich klingende Gesichtspunkt stellt mehr eine Mahnung dar, weil auf keinem anderen Gebiet wie dem der Psychotherapie so viel in gutem Glauben unter der Vorstellung gesündigt wird, man könne mit den eigenen Erfahrungen, einer Portion gesunden Menschenverstandes und persönlicher Intuition einiges erreichen und dabei Fachwissen und langjährige Berufserfahrung geringachten. Der zweite Gesichtspunkt betrifft unser eigentliches Thema.

Aus rein didaktischen Gründen sind wir von der Gesprächssituation ausgegangen und haben die Informationsprozesse, die mit ihr im Zusammenhang stehen, betrachtet, aber diese haben — wie ich es nennen möchte — nur einen fokalen Charakter. Denn mit Hilfe dieser Optik stellen wir zwar sehr differenziert, aber doch nur auf eine bestimmte Situation begrenzt, das Materialgefüge ein, das sich in dieser einmaligen Situation mit einem individuellen Interviewer strukturiert. Aus unserer Erfahrung wissen wir, daß Gesprächssituationen mit einem anderen Interviewer völlig anders verlaufen können. Manchmal genügt als Stimulus dazu ein Interviewer des anderen Geschlechtes. Diesbezüglich verfügen wir über einen reichen Erfahrungsspielraum, weil bei uns fast jeder Patient in zwei Situationen, einem Interview und einem psychologischen Test, gesehen wird und im anschließend gemeinsamen Gespräch die Informationen aus beiden Situationen verglichen werden. K. Lickint[3] hat kürzlich

---

[3] K. Lickint: Der Empfang des Patienten und das Erstinterview in der Psychiatrischen Klinik, Der Nervenarzt 39 (1068) S. 451.

in einer eindrucksvollen Studie gezeigt, daß sogar der gleiche Interviewer mit verschiedenen Erwartungseinstellungen völlig andersartige Informationen erhält. Diese leichte Variabilität des Informationsbildes entspricht etwa dem lebhaften Ausdruckswechsel eines äußerlich einheitlichen Organs, das viele Funktionssysteme mit eigener Struktur in sich birgt, die zu Irrtümern bei ihrer isolierten Betrachtung unter starker Vergrößerung Anlaß geben können, wenn man die Spezifität ihrer Zusammengehörigkeit zu diesem Organ nicht kennt.

Mit unserem bisher geschilderten Interviewverfahren erreichen wir also eine sehr genaue, aber eben doch nur auf diese Situation begrenzte Aussage. Die Genauigkeit verdankt dieses Vorgehen der schrittweisen Aufhellung von Deutungszusammenhängen unter Beteiligung des Patienten (subjektive Daten). In vielen Fällen ist die Struktur dieser fokalen Diagnose schon so typisch, daß der Erfahrene das gesamte Krankheitsbild und sein Potential erschließen kann. In anderen Fällen muß das Studium der Krankheitsprozesse mit anderen Mitteln fortgesetzt werden. Zu diesem Zweck werden Informationen verwertet, die sich teils dem bisherigen Arbeitsaufwand entzogen haben, teils direkt zusätzlich erfragt werden müssen (objektive Daten). Man muß wissen, zu welchem Zeitpunkt der Gesprächssituation man Daten abfragen kann und wann nicht. Es ist ein Unterschied, ob man sich am Anfang oder Ende des Interviews außerhalb einer dynamisch eingefärbten Szene Auskünfte über Geschwister und die Position des Patienten in ihrer Reihe einholt oder — wie in unserem Beispiel der Patientin mit dem dunkelhäutigen Kind — sich zu einem bestimmten Zeitpunkt die vermutete Existenz eines jüngeren Bruders bestätigen läßt. Im ersten Fall versuchen *wir* den gesammelten Informationen im Zusammenhang mit der dynamischen Szene eine Bedeutung zu geben, wobei uns unsere allgemeine Erfahrung leitet (Datenauslegung des Interviewers). Bei diesem Vorgehen üben wir eine gewisse Zurückhaltung, weil alle Daten primär vieldeutig sind. Im zweiten Fall erhalten wir eine Auskunft, deren Bedeutung vom *Patienten bereits festgelegt und bestätigt ist* (Datenauslegung des Patienten).

Über die Erfassung der Grenzsituation hinaus benötigen wir weitere Informationen zu einer sekundären Verarbeitung außerhalb der Situation mit dem Patienten. In manchen Institutionen werden sie von einer zweiten Person nach einem durchdacht aufgestellten Katalog abgefragt. Verständlicherweise ist es ärgerlich, wenn man bei dieser nachträglichen sekundären umfassenden Bearbeitung auf eine wichtige Fragestellung stößt und dann keine Information darüber eingeholt hat, was der Vater von Beruf war.

Daten, die außerhalb der szenischen Verarbeitung (Grenzsituation) gesammelt werden, dienen demnach einem erweiterten Verständnis der gesamten Persönlichkeit des Patienten, einer Art Nachkonstruktion der Vielschichtigkeit seiner Persönlichkeitsbereiche. Die Nachkonstruktion umfaßt ausdrücklich die Persönlichkeitsanteile, die in der Gesprächssituation nicht manifest werden konnten. Die vorsichtige Interpretation dieser Information basiert in Abwesenheit des Patienten allein auf dem Wissen und der klinischen Erfahrung des Interviewers selbst oder einer anderen fachkundigen Person, kann nun aber über die Bedeutung hinaus, die ihnen der Patient in seiner subjektiven Einstellung verleiht, zu einer Rekonstruktion objektiver Erklärungen herangezogen werden. Diese setzen Sachverständigkeit voraus, über die der Patient wiederum nicht verfügt. Die sekundäre Überarbeitung des Materials ist zu Forschungszwecken, Überprüfung von Persönlichkeitskonzepten und theoretischen Voraussagen unerläßlich und wird in vorbildlicher Weise vom 'Hampstead Diagnostic Profile'[4] erfüllt. Für diese Zwecke kann die Datensammlung gar nicht genau genug sein, eine Forderung, die vom Interviewer in einer Gesprächssituation kaum noch zu verwirklichen ist. Entweder muß man das Untersuchungsverfahren erweitern oder eine Datendokumentation einführen, die nach gut durchdachten Gesichtspunkten zusammengestellt wird. Bei dem allerorts unaufhaltsamen Vordringen von

---

[4] A. Freud: Assessment of childhood disturbances, Psa. Study of the Child 17 (1963) S. 149.

maschinellen Datenverwertungen wird der zweite Weg einer optimalen Datendokumentation eines Tages zur Selbstverständlichkeit werden und den Interviewer in seiner komplizierten Situation mit seinem Patienten etwas entlasten.

Je weiter diese sekundäre Bearbeitung faktischer Informationen fortschreitet, um so mehr entfernt sie sich vom individuellen Bild des Patienten, gelangt zu einem idealtypischen Konstrukt seiner Krankheit und deren Persönlichkeitsanteilen und macht ihn für Forschungszwecke mit anderen Krankheitsbildern vergleichbar. Für die rein klinischen Belange ist es deshalb wichtig, den Kontakt mit der Interviewszene zu halten oder die Rekonstruktionen szenisch zurückzuübersetzen und sich in lebendigen Beziehungsmodellen vorzustellen. Diese verschiedenen Auswertungstechniken unterliegen keiner vergleichenden Wertung, sondern sind streng nach den Informationsquellen, den Instrumenten der Verarbeitung und den Zielen, denen sie dienen, zu unterscheiden. Die starke Betonung der Gesprächssituation selbst und ihrer Auswertungsmöglichkeiten entspricht den Routinebelangen der psychotherapeutischen Praxis und der Erschließung einer Informationsquelle, die längst noch nicht ausgeschöpft ist und dem naturwissenschaftlichen Denken die größten Schwierigkeiten bereitet. Die psychologische Interpretation objektiver Daten ist ein aus der Literatur vielfältig bekanntes Verfahren. Die Grenzsituation im Erstinterview stellt also die Schaltstelle dar, an der die Entscheidung fällt, bis zu welcher Informationsquelle man vorstoßen kann und will und welche Absicht man mit dem Interview verfolgt: eine rein diagnostische, therapeutische, notfalltherapeutische oder wissenschaftlich forschende. Die Intensivierung aller dieser Aspekte des Erstinterviews ist mit Hilfe moderner Fernsehaufzeichnungen möglich. H. E. Richter[5] hat dieses Verfahren systematisch ausgebaut und einen neuen Interviewtypus geschaffen, nämlich das „Lehr"- bzw. „Lern"-Interview.

[5] H. E. Richter: Fernsehübertragung psychoanalytischer Interviews, Psyche XXI (1967) S. 324.

DAS DIAGNOSTISCHE INTERVIEW

Unter dem Titel „Der psychoanalytische Befund"[1] habe ich in einer kleinen Studie das Material einer Grenzsituation zusammengestellt, das sich etwa in folgender Weise skizzieren läßt: Der Patient war, von einer Institution geschickt, in Begleitung seiner Frau erschienen, die im Wartezimmer geduldig auf seine Rückkehr vom Interview wartete. Er saß mit seiner gedrungenen Gestalt dumpf brütend, schwitzend und mit arbeitenden groben Händen vor mir, schwieg und ließ mir Zeit, ihn in Ruhe zu betrachten und sein Erscheinungsbild auf mich wirken zu lassen. Nach einer Weile eröffnete er das Gespräch mit einer „szenischen Information". Sie ließ seine Absicht eindeutig erkennen, mir die Glaubwürdigkeit seiner Krankheit vor Augen zu führen: „Ich werde sofort einen meiner Ohnmachtsanfälle bekommen, wenn Sie sich eine Zigarette anzünden." Gleichzeitig machte er Anstalten, mir seine blauen Flecken zu zeigen, die er von seinen letzten Anfällen davongetragen hatte.

Bewußt war es dem Patienten sicher peinlich, einem Arzt — wie schon so häufig — gegenübergestellt zu werden, der ihm seine Krankheit nicht glauben würde. Außerdem mußte er befürchten, daß man ihm in Verkennung seines Leidens Dinge zumuten würde, welche er auf Grund seiner Krankheit nicht leisten zu können glaubte. Wut und Verzweiflung über diese hoffnungslose Aussicht kämpften offensichtlich in ihm.

Betrachtet man diesen Vorgang mit der Optik, mit der die „ungewöhnliche Situation" eingestellt wird, dann nimmt seine Äußerung den Charakter einer unbewußten Drohung an: Wagen Sie es ja nicht, eine Zigarette anzuzünden.

[1] H. Argelander: Der psychoanalytische Befund, Psyche XXII (1968) S. 748.

Das dynamische Moment dieser Warnung verleiht dem Patienten eine latent-bedrohliche Aggressivität. Sie wird durch sein dumpf brütendes Verhalten noch unterstrichen, als ob er gegen innere gewalttätige Impulse ankämpfe, während er sich doch selbst bewußt als Opfer seiner Krankheit bzw. als das der unüberlegten Handlung einer anderen Person präsentiert. Die subjektive Bedeutung dieses szenischen Auftaktes wird dem Hellhöriggewordenen erst im weiteren Gesprächsverlauf mit den biographischen Daten einsichtig. Nach der Todesursache seines jüngsten Geschwisters befragt, erinnert der Patient aus der Erzählung seiner Mutter, dieses Geschwister sei im Körbchen erstickt, weil der älteste Bruder im Zimmer Stroh anzündete und beim Anblick der Flammen und des Qualms entsetzt aus dem Zimmer lief. Das jüngste Geschwister war also das Opfer einer gefährlichen und unüberlegten Handlung des ältesten Bruders geworden. Die näheren Umstände waren die gleichen, wie sie der Patient unbewußt in der szenischen Gestaltung des Interviews kenntlich gemacht hatte: „Wenn Sie sich eine Zigarette anzünden, werde ich in Ohnmacht fallen." Die Bedeutung des zweiten Informationsbestandteils der Szene, das Vorzeigen der blauen Flecke, wird in dem Augenblick durchsichtig, als der Patient mit Affekt erwähnt, der Vater habe ihn oft jähzornig geschlagen, und er sei deshalb ständig mit blauen Flecken herumgelaufen. Die volle szenische Information der subjektiven Auslegung seiner Krankheit lautet: „Ich bin das Opfer der gefährlichen, unüberlegten und jähzornigen Impulse meines ältesten Bruders und meines Vaters. Sie können sich von der Richtigkeit meiner Angaben durch Augenschein überzeugen."

Das vermutete latent-aggressive dynamische Element der Situation, die drohende Gebärde gegen den Interviewer, die den intrapsychischen Konflikt anzeigt, gegen eigene gewalttätige Impulse (Identifizierung mit Vater und Bruder) ankämpfen zu müssen, erfährt ebenfalls eine Bestätigung aus biographischen Daten. Die Ohnmachtsanfälle zwangen den Patienten, seinen Beruf als Fahrer eines öffentlichen Verkehrsmittels aufzugeben, nachdem er einen anderen Verkehrsteilnehmer ohne eigenes Verschulden getötet hatte. Dieser „unüberlegte" gewaltsame Akt stempelte ihn zu einem Täter (anstelle des Opfers). Folgerichtig muß er nun das Schicksal derjenigen teilen, die er selbst unbewußt als äußere Repräsentanten der Gewalttätigkeit ins Gespräch eingeführt hatte. Der Patient wurde genau wie der Vater und der älteste Bruder vorzeitig wegen Krankheit pensioniert.

Soweit haben wir die Krankheit des Patienten, für welche die Ärzte nie eine vernünftige Ursache finden konnten, als Ausdruck eines aktuellen intrapsychischen Konfliktes aufgehellt. Das geschah ausschließlich mit Hilfe der szenischen Information, die uns den subjektiven Sinn seiner Krankheit verraten hat. Wir können jetzt verstehen, welche Ängste die Forderung in ihm wachrufen muß, in seinen Beruf zurückzukehren. Diese spezifische Angst dominierte auch während des ganzen Interviews.

Die Aufklärung des Sinnzusammenhanges des Symptoms mit dem hinter ihm verborgenen Konflikt ist nur der erste Schritt, den wir im allgemeinen im diagnostischen Interview vorzunehmen haben; denn für die Indikations- und Prognosestellung müssen wir mehr darüber wissen, in welche Persönlichkeitsstruktur dieses Krankheitsgeschehen eingebettet ist, über welche Fähigkeiten der Patient verfügt und mit welchen strukturspezifischen Schwierigkeiten oder Widerständen wir bei einer Behandlung zu rechnen haben. Deshalb vervollständigen wir in einem zweiten Arbeitsgang das Verständnis für die mit dem Symptom verbundene Szene um die Diagnose der Persönlichkeitsstruktur des Patienten. Die eingehende Erörterung der Strukturdiagnose wirft begriffliche Schwierigkeiten auf und macht eine breitangelegte theoretische Grundsatzdiskussion erforderlich. Deshalb will ich mich zur Abrundung unseres Beispiels auf Hinweise beschränken.

Unser Patient erlebt sich bewußt als einen guten Menschen und kann viele Beispiele dafür anführen, daß er niemals absichtlich etwas Böses unternommen hat. Schon als junger Mann ist er als Musiker herumgezogen, hat anderen zum Tanz aufgespielt, sich aber nach Alkoholgenuß sofort nach Hause zurückbegeben und nie randaliert. Im Gegensatz zu ihm war der Vater ausgesprochen jähzornig und unbeherrscht, während die Mutter eine freundliche Frau gewesen sein muß. Offensichtlich hat sich der Patient schon früh mit der guten Mutter identifiziert und sich, entsprechend passiv eingestellt, nur als das Opfer des bösen Vaters erlebt, dem er aus dem Wege zu gehen trachtete. Man kann aus diesen bisher noch nicht verwerteten Informationen das Persönlichkeitsbild des Patienten über den aktuellen Konflikt hinaus abrunden und strukturspezifische Gesichtspunkte ansprechen. Außerdem läßt sich aus den Lebensdaten ablesen, daß der Patient unter strengen Gewissensforderungen sein Leben einschränkt und unter schweren unbewußten Schuldgefühlen leidet, die sich an seinen „vermeintlichen Mord" heften. Seine Vorstellungswelt ist von praktischen Alltagserlebnissen ausgefüllt. Als Gesprächspartner bleibt er dumpf, uneinsichtig und vermeidet ängstlich alles, was ihn tangieren könnte, obwohl er in der unbewußt gestalteten Szene seinen Konflikt erstaunlich transparent machen kann. Diese Leistung der szenischen Funktion des Ich gehört anscheinend zu den früh entwickelten Mitteilungsorganen und bleibt auch bei weniger differenzierten Persönlichkeiten erhalten. In mancher Beziehung beharrt der Patient fast eigensinnig auf eigenen Auffassungen und ist zu einem reflektierenden Denken nicht zu bewegen. Seine Tendenz zum passiven Rückzug behält die Oberhand. Darum ist es unmöglich, mit ihm gemeinsam an einem Problem zu arbeiten, um zu geringen Einsichten zu gelangen. Äußerlich bereitwillig, sagte er ein zweites Gespräch zu, verschwand aber nach dem Interview in einem Krankenhaus und ließ nichts mehr von sich hören. Aus verständlichen Gründen war er trotz seines Leidensdruckes in keiner Weise zu einer Behandlung motiviert und zum Interview nur auf Betreiben einer Institution gekommen.

An dieser Stelle möchte ich die Betrachtung dieses speziellen Falles abbrechen und auf allgemeinere Probleme des diagnostischen Interviews übergehen. Die Beteiligung des Patienten am Gespräch wird sich mit Rücksicht auf die möglichen Auswirkungen auf Bereiche beschränken, die für die diagnostische

Erfassung, die Indikationsstellung und Prognose unbedingt notwendig sind. Das diagnostische Interview sollte deshalb — um ein bekanntes Zitat von Freud[2] abzuwandeln — ein Probehandeln mit kleinsten Energiemengen bleiben. Dieser Hinweis ist besonders zu beherzigen, wenn man noch nicht weiß, ob der Patient anschließend in eine Behandlung übernommen werden kann.

Mit dem Anspruch auf diagnostische Klarheit erschöpft sich allerdings die Aufgabe des diagnostischen Gespräches noch nicht. Dem Patienten nützen die besten diagnostischen Erkenntnisse nichts, wenn sie nicht in einen konkreten Behandlungsvorschlag einmünden, der seine äußere und innere Realität berücksichtigt. Darüber hinaus muß der Patient für eine Behandlung motiviert und vorbereitet werden; denn ohne seine Bereitschaft zu einer richtig verstandenen Mitarbeit bleibt die Prognose zweifelhaft, besonders bei Fällen, bei denen eine Überweisung zu einem Kollegen unumgänglich ist. Ich habe an anderer Stelle bereits ausgeführt, wie spezifische Widerstände sowohl die diagnostische Erkenntnis als auch das Mobilisieren einer Behandlungsbereitschaft blockieren können. Dabei denke ich an die zahlreichen unergiebigen Patienten, die, von einem solchen Widerstand in Schach gehalten, den Interviewer ermüden und nach außen hin den Eindruck erwecken, am Gespräch nicht interessiert zu sein. Es bleibt dem Interviewer keineswegs erspart, auf diese Widerstandsphänomene wenigstens so weit einzugehen, daß er taxieren kann, welchen Stellenwert sie für eine Behandlung besitzen, und auch ergründen kann, ob hinter ihnen Persönlichkeitsbereiche lebendig sind, die einen therapeutischen Einsatz lohnend erscheinen lassen.

Diese zweite Phase des diagnostischen Interviews hat mehr psychotherapeutischen Charakter, obwohl sie sich ausschließlich als Behandlungsvorbereitung versteht. J. V. Coleman[3] plädiert

[2] S. Freud: Ges. Werke Bd. XV, S. 96.
[3] J. V. Coleman: The initial phase of psychotherapy, Bull. Meninger Clinic 13/14 (1949/50), S. 195.

dafür, „den Behandlungsprozeß dadurch anzubieten, daß man ihn mehr demonstriert als erklärt und dem Patienten Gelegenheit bietet, einmal an einer solchen Behandlungserfahrung teilzunehmen". Ohne zu drängen oder zu überreden sollten wir den Patienten durch den Stil unserer Gesprächsführung motivieren, die wichtige Entscheidung für eine Behandlung selbst zu treffen. Unter Umständen räumen wir ihm genügend Überlegungsspielraum ein und bieten uns zu einem zweiten Gespräch an, dessen Verabredung der Initiative des Patienten überlassen bleibt.

Die Trennung des diagnostischen Erstinterviews in zwei Phasen hat didaktische Gründe, die Aufgabenschwerpunkte markieren. In Wirklichkeit fließen beide Zielsetzungen von Beginn des Gespräches an zusammen. Bei der in diesem Buch propagierten Technik enthält schon das Auftaktgeschehen beide Elemente, das Suchen nach diagnostischer Klarheit und die dosiert zugespielte Teilnahme des Patienten am Erkenntnisprozeß als Probeerfahrung. Wir vermeiden damit den in der Praxis häufig zu beobachtenden Fehler, daß ein Interviewer gute diagnostische Arbeit geleistet hat, aber danach nicht recht weiß, was er dem Patienten konkret vorschlagen soll. Oft hat er sogar zu ergründen versäumt, ob der Patient an einer Behandlung interessiert ist. Im Untersuchungsgang des Sigmund-Freud-Instituts ist für diesen Zweck eine Nachbesprechung eingerichtet, bei der Versäumtes nachgeholt werden kann, indem — falls nötig — noch einmal Gelegenheit geboten wird, in einer Probephase Behandlungsvorschläge zu ventilieren und die Behandlungsbereitschaft zu erkunden. Die Technik dieses Gesprächsteils läuft darauf hinaus, das im Interview gewonnene Wissen für die spezielle Aufgabe einzusetzen und unter Umständen eine Passage echter Widerstandsarbeit mit Deutungen aus diesem Material nachzuholen. Die Vorbereitungsarbeit im Erstinterview oder in der Nachbesprechung darf nicht mit der Vorbesprechung zur eigentlichen Behandlung verwechselt werden, in der die „Spielregeln" des psychotherapeutischen Verfahrens verträglich festgelegt werden. Die Vorbesprechung bleibt dem definitiven Behandler vorbehalten. Wenn der Interviewer die Behandlung selbst übernimmt, ist es ihm natürlich freigestellt, zu welchem Zeitpunkt er die Vorbereitungsphase beendet, um anschließend oder zu einem anderen Zeitpunkt in einem sachlichen Gespräch ohne therapeutische Attitüde die Regeln der in Aussicht genommenen Behandlung zu besprechen und dem Patienten verständlich zu machen. Diese Vorbesprechung gehört zur Behandlung und hat primär nichts mit den Themen des Erstinterviews zu tun. Manche Autoren trennen diese beiden Verfahren begrifflich nicht scharf genug voneinander.

DAS THERAPEUTISCHE INTERVIEW

Der Zusatz „therapeutisch" kennzeichnet die Zielsetzung einer begrenzten therapeutischen Aufgabe, wie sie einem oder wenigen Gesprächen angemessen ist. Die therapeutische Absicht will keineswegs den falschen Anspruch geltend machen, mit einem eigenständigen psychotherapeutischen Verfahren aufwarten zu wollen. Wie wir bereits gesehen haben, fordert die Schaffung einer Behandlungsbereitschaft unter Umständen bereits eine kurze Passage echter psychotherapeutischer Widerstandsarbeit, wenn sie sich auch nur als Vorbereitung für ein in Aussicht genommenes Behandlungsverfahren versteht. Fast noch wichtiger als das Bestreben, den geeigneten Patienten zu gewinnen, ist die Umstellung auf eine begrenzte therapeutische Zielsetzung bei Patienten, die von vornherein keine Behandlung wünschen oder sich frühzeitig als nicht geeignet erweisen. In solchen Fällen wechselt das Gespräch schneller zu einer Beratung, während der diagnostische Anspruch in den Hintergrund tritt. Ein typisches Beispiel habe ich im Kapitel „Die Gestalt der Gesprächsinhalte" geschildert. Mit Rücksicht auf die unabänderliche Lebenssituation, das Alter der Patientin und den weitentfernten Wohnsitz war eine Behandlung kaum in Betracht zu ziehen. Die Aufgabe dieser einmaligen Beratung zeichnete sich während des Gespräches ab, als die Patientin zu verstehen gab, daß sie sich von ihrer Vergangenheit beunruhigt fühlte und die Entschlossenheit durchblicken ließ, sich anhand ihrer chronischen Erkrankung einer inneren Auseinandersetzung zu stellen. Dieser Anspruch war fast rührend im Hinblick auf die absolute Unmöglichkeit, ihr Leben entscheidend zu verändern. Er schien jedoch eine genügend fundierte Ausgangsbasis dafür abzugeben, ihr die gemeinsame Betrachtung der beunruhigenden Konflikte ihrer Vergangenheit zuzumuten, um sie mit ihrem persönlichen Schicksal etwas auszusöhnen und ihr zu helfen, ihr Leben mehr genießen zu können. Ein solches bescheidenes Ziel gibt dem Gespräch einen konstruktiven Sinn und läßt die Möglichkeit offen, diesen einmaligen therapeutischen Kontakt — falls nötig — in locker gehandhabter Gesprächsfolge fortzusetzen. Mit diesem Vorschlag trennte ich mich von ihr, aber sie kam nie auf mein Angebot zurück. Im Gegensatz zu ihr machte die Patientin, „die sich selbst versorgte" (aus dem Kapitel „Die Dynamik der Gesprächssituation"), vom gleichen Angebot Gebrauch und erschien in Abständen von einigen Monaten zu mehreren Gesprächen. Unbewußt gut motiviert holte sie sich bei mir „die Nahrung", mit der sie sich über Monate selbst versorgte. Der Erfolg dieser wenigen Gespräche war frappierend; denn die Patientin konnte sich in ihrer Ehe vollkommen neu arrangieren und sie so beglückend erleben, wie sie es nicht mehr für möglich gehalten hatte. Meine Technik war keineswegs darauf eingestellt, ihre Fähigkeit „zur Selbstversorgung" in Frage zu stellen, sie baute vielmehr schon deshalb auf dieser Fähigkeit auf, weil die Patientin in ihrer absehbaren zukünftigen Lebenssituation auf sie angewiesen sein würde. Die Thematik der Grenzsituation lockerte dieses „Selbstversorgungsstereotyp um jeden Preis" so weit, daß die Patientin es für die Situationen reservieren konnte, bei denen es wirklich am Platze war. Dadurch konnte sie sich ihrer Ehe viel unbefangener überlassen, als es bisher ihr unbewußt genährtes Mißtrauen zuließ.

Die Informationen der Grenzsituation aus den subjektiven, objektiven und situativen Quellen bilden die Struktur einer aktuellen Oberfläche für diese momentane Gesprächsperiode. Die scharfeingestellte Informationsgestalt bietet sich entweder als Ausgangsbasis für eine diagnostische Erfassung der spezifischen Persönlichkeit an oder stellt die Grundlage für eine therapeutische Beratung dar. Im letzten Fall bemißt sich die Kunst des Interviewers daran, daß er sie erschöpfend behandelt, aber nicht über die von dieser Struktur gesetzte Grenze hinausgeht. Die oft banal klingende Formulierung der Grenzsituation darf nicht darüber hinwegtäuschen, welche hochspezifische, unter Umständen explosive Wirkung sie zur Folge haben kann. Eine Arbeitsgruppe um M. Balint in London[1] hat, einer ähnlichen Auffassung folgend, eine Kurztherapie entwickelt, die mit einer geringen Stundenzahl ausschließlich einen vom Interviewmaterial festgelegten „fokalen" Konflikt bearbeitet und möglichst nicht von ihm abweicht. Die Ergebnisse dieser Forschungsgruppe unterstreichen die große Bedeutung der Erstuntersuchung; denn das Prinzip dieser Kurzbehandlung basiert allein auf ihren Erkenntnissen. Neben der Abschätzung von Kriterien für die Eignung des Patienten zu einer solchen umschriebenen Behandlung kommt es entscheidend darauf an, die gelungene und damit operational handhabbare Formulierung eines „Fokus" zu finden, der zum Träger dieses kurzen Gesprächsabschnittes wird. Man darf sich nicht der falschen Vorstellung hingeben, auf diese Weise sei eine einfache und leicht zu praktizierende Technik einer Kurztherapie inauguriert worden. Dennoch überzeugt ihr Prinzip so stark, daß es bei den Versicherungsrichtlinien für Psychotherapie in Deutschland Pate gestanden hat[2, 3]. Sie leitet sich völlig organisch aus unseren Auffassungen über das Erstinterview ab. Vielleicht ist dieser Therapieform eine Zukunft beschieden, wenn sie weiterhin auf Grund guter Kriterien und mit psychotherapeutischem Können eingesetzt wird.

Die Aufgabe der Beratung ergibt sich demnach aus dem Ablauf des Gespräches und verlangt schnelles Reaktionsvermögen, klare Übersicht und Urteilsfähigkeit. Der Interviewer ist vollkommen auf sich allein angewiesen. Bei der eben beschriebenen Kurztherapie wird dagegen im allgemeinen eine Gruppe von Therapeuten mit eingeschaltet, die das Material sichtet, den „Fokus"

---

[1] D. H. Malan: Psychoanalytische Kurztherapie, H. Huber Bern, E. Klett Stuttgart 1965.

[2] W. Loch: Über theoretische Voraussetzungen einer psychoanalytischen Kurztherapie, Jahrbuch d. Psychoanalyse, Bd. IV. 1967. H. Huber Bern u. Stuttgart.

[3] E. Mahler: Zur Frage der Behandlungstechnik bei psychoanalytischer Kurztherapie, Psyche XXII (1968) S. 823.

ventiliert, auf seine Brauchbarkeit prüft und Vorhersagen trifft. Die Kollegen können den Behandler bei seiner Arbeit in wöchentlichen Besprechungen begleiten, kontrollieren, beraten und beim Verständnis des kurzen Behandlungsprozesses behilflich sein. Der klare didaktische Aufbau des kurzen und überschaubaren Behandlungsfeldes läßt die Fokaltherapie für Ausbildungszwecke besonders geeignet erscheinen.

Wesentlich anspruchsvoller als die therapeutische Beratung ist das Notfallinterview; denn in ihm arbeitet der Interviewer unter starkem Druck und völlig auf sich selbst gestellt mit einer sehr großen Verantwortung. In kürzester Zeit muß er diagnostische Erwägungen treffen, aus ihnen die wesentlichen Konsequenzen ziehen und danach seine Handlungsweise einrichten. Der zentrale Unterschied zu allen übrigen Gesprächssituationen besteht darin, daß der Patient in einem akuten Leidenszustand auftaucht und nicht, wie sonst üblich, von seinen seelischen Schutzmechanismen abgeschirmt und gesichert wird. Darin liegt eine gewisse Chance, aber auch ein nicht zu unterschätzendes Risiko. Ein solches Gespräch habe ich im Kapitel „Die Auswirkungen des Gespräches" skizziert. Die Verwirklichung der Notfalltherapie in breiterem Ausmaß setzt große personelle und finanzielle Möglichkeiten voraus, über die wir nicht verfügen, so daß wir mit dieser Interviewform nur sporadische Eigenerfahrungen machen konnten. In Amerika wurde über mehrere Jahre ein Projekt dieser Art durchgeführt und seine Ergebnisse in einem Buch niedergelegt[4]. Obwohl der personelle Aufwand für unsere Verhältnisse sehr beträchtlich war, mußte im Zuge dieses Projektes eine Beschränkung des Zuzugsgebietes vorgenommen werden, weil die ständige Präsenz von Psychotherapeuten während des Tages und der Nacht Ansprüche erhebt, denen eine Institution unter normalen Umständen auf die Dauer nicht nachkommen kann. Trotz aller Schwierigkeiten bleibt die Technik des Notfallinterviews von brennendem aktuellem

---

[4] L. Bellak u. L. Small: Emergency Psychotherapy and Brief Psychotherapy, Grune & Stratton, New York 1965.

Interesse, weil sie überall dort gefragt ist, wo sich hilfreiche Menschen bereit finden, in Telefonfürsorge und anderen Institutionen mit ständig erreichbarer Bereitschaft Hilfeleistungen anzubieten. Neben der Technik des Gespräches spielen beim Notfallinterview natürlich auch andere Hilfsmaßnahmen wie Medikamente, stationäre Behandlungsübernahme und die Erschließung fürsorgerischer Versorgungskanäle eine große Rolle.

PROBLEME DER AUSBILDUNG

Die Erlernung der Erstinterviewtechnik ist ein selbständiger, wenn auch häufig vernachlässigter Bestandteil der allgemeinen psychotherapeutischen Ausbildung. In der Regel vervollkommnet der Psychotherapeut erst mit Zunahme seiner praktischen Erfahrungen die eigene Gesprächstechnik, wie man an Protokollen und Berichten von Kollegen vergleichend feststellen kann. Der junge Psychotherapeut verläßt sich oft noch zu lange darauf, nur die Patienten zur persönlichen Behandlung zu übernehmen, die ein älterer Fachkollege für ihn ausgewählt hat. Die wichtige Vorprobe für die am späteren therapeutischen Prozeß unmittelbar beteiligten Personen entfällt, und damit steigt die Quote abgebrochener oder unbefriedigt ausgehender Behandlungen.

Zur Belebung des Engagements für dieses vernachlässigte Stiefkind der Psychotherapie haben wir eine ständige Interviewkonferenz eingerichtet, in der anhand von Protokollaufzeichnungen und mündlichen Berichten die Persönlichkeitsstruktur des Patienten mit ihren spezifischen Konflikten, Abwehrstrukturen und vorhersagbaren Entwicklungen unter den Bedingungen des Behandlungsprozesses diskutiert wird. Diese gemeinsame Arbeit hat das Bewußtsein für die Probleme der Diagnostik erheblich geschärft und sich als ein gernbesuchter Ausbildungsschwerpunkt bewährt. Dagegen läßt sich nicht mit Sicherheit bestimmen, inwieweit diese Beschäftigung mit dem Erstinterview die individuelle Gesprächstechnik wesentlich beeinflußt hat.

Wir sind deshalb dazu übergegangen, „Lehrinterviews" hinter einem Beobachtungsspiegel durchzuführen. In Amerika wurden die Vorarbeiten für dieses noch umstrittene Verfahren schon seit langem geleistet[1]. Inzwischen hat H. E. Richter[2] Erfahrungen mit Fernsehinterviews gesammelt und auch publiziert. Er weist besonders auf den Informationsgewinn, die Möglichkeiten zur diagnostischen Schulung und die Unterweisungshilfen für die Interviewtechnik hin. An der Arbeit seiner Gruppe läßt sich ablesen, welche Forschungsprogramme auf Grund der vorhandenen Interessen und spezifischen Einrichtungen an dieser Methode verwirklicht werden können. Unsere speziellen Interessen, die Wahrnehmung szenischer Informationen, die Aufbereitung ihrer unbewußten Gehalte und ihre Integration in die Persönlichkeitsstruktur des Patienten gewinnen durch die Beobachtung hinter dem Spiegel an Evidenz, weil die szenischen Phänomene während der unmittelbaren und fortlaufenden Beobachtung von mehreren Personen kontrolliert werden können.

Zu unserer größten Überraschung konnten wir bei überwiegend empathisch arbeitenden Interviewern zwei Wahrnehmungsprozesse deutlich voneinander differenzieren. Bei einer solchen Gelegenheit hatten wir als Beobachter hinter dem Spiegel den Eindruck, daß ein solcher Interviewer die komplizierte Persönlichkeitsstörung in ihrer dynamischen Verlaufsgestalt sehr gut erfassen konnte und auch in Probeformulierungen dem Patienten anbot. Wir glaubten genau beobachten zu können, wie sich das Bild dieser spezifischen Störung immer schärfer abzeichnete, weil einzelne Verbalisierungen des Interviewers für uns eine ungewöhnlich hellsichtige Prägnanz annahmen. Der Patient reagierte auch für uns sichtbar auf diese Äußerungen mit affektiven Erscheinungen. Nach dem Interview berichtete dieser Kollege — von unseren Beobachtungen noch völlig unbeeinflußt — über seine persönlichen Erkenntnisse. Dabei mußten wir zu unserer größten Verblüffung feststellen, daß er ein anderes Bild vom Patienten entwarf, als wir es in der gemeinsamen Ausformung zwischen Interviewer und Patient miterlebt zu haben glaubten. Der Interviewer stützte seine Argumentation auf konkrete Ma-

[1] M. Gill, R. Newman, F. C. Redlich: The Initial Interview in Psychiatric practice, New York, Int. Univ. Press 1954.
[2] H. E. Richter: Fernsehübertragung psychoanalytischer Interviews. Psyche XXI (1967) S. 324.

terialbestandteile des Gespräches und machte uns damit verständlich, daß er viele seiner Äußerungen auf Umwelterlebniskonstellationen nach dem Bericht des Patienten formuliert hatte. Erst als wir seine Aufmerksamkeit auf die unmittelbaren szenischen Gegebenheiten einstellten, einige seiner eigenen Formulierungen auf dem Tonband abspielten und ihn mit der vorbewußt auf den Patienten eingespielten Sprache konfrontierten, fiel es ihm wie Schuppen von den Augen.

Der Interviewer hatte in einer empathischen Einstellung das unbewußte Persönlichkeitsbild des Patienten genau wahrgenommen und vorbewußt so weit bearbeitet, daß man vom Band eine klare Gesprächsgestalt ablesen konnte. Bewußt hatte er die gleichen Informationen nach dem ihm verfügbaren Wissen zu einem völlig anderen Persönlichkeitsbild zusammengestellt. Auf diese Weise bestätigte sich eindrucksvoll unsere alte Erfahrung, daß der Interviewer immer mehr von seinem Patienten weiß, als er darstellen kann. Wir wissen in diesem Fall natürlich nicht, wie das definitive Protokoll ohne unseren Einfluß ausgesehen hätte. Mit großer Wahrscheinlichkeit läßt sich vermuten, daß Anteile des von uns beobachteten vorbewußten Erkenntnisprozesses in einem größeren oder kleineren Ausmaß bei der sekundären Bearbeitung in die endgültige Beurteilung hineingeflossen wären.

Diese vorläufige Beobachtung, die sich auch mit psychoanalytischen Wahrnehmungsstudien deckt, hat für die Technik der Ausbildung große Konsequenzen. Wir werden uns in einem viel größeren Ausmaße der Pflege und Ausbildung der vorbewußten emphatischen Wahrnehmungsinstrumente annehmen und ihre langsame Integration in die theoretisch erworbenen Wissensbereiche fördern.

Unser Interviewer hatte seine Wahrnehmung bewußt auf die Information des Patienten gerichtet und diese seinem Ausbildungsstand gemäß zu eigenen Erkenntnissen verarbeitet. Die Beobachter blickten nicht allein auf diese objektiven Informationen, sondern konzentrierten sich auf die im wechselseitigen Gespräch sich ausformende Gestalt, die sich in der zunehmenden „Privatheit" der Sprache kundtat und nun erst eine Erfassung der subjektiven Bedeutungen der gegebenen Informationen den Weg freigab. Der Interviewer hatte zunächst nicht erkannt, wie sehr er sich in seinen Formulierungen auf diese Sprachgestalt einpendelte, weil er nicht darauf hörte, was er selbst sagte. Die unterlassene Wahrnehmungseinstellung konnten wir mit Hilfe der Bandaufzeichnung leicht nachholen und dem Interviewer die Diskrepanz seines Denkens und seiner eigenen sprachlichen Formulierungen demonstrieren.

Der Interviewer benötigt zum Verständnis der unbewußten Persönlichkeit eines Patienten den Zugang zu seinen eigenen vorbewußten Wahrnehmungs- und Denkprozessen, über welche er aber nur verfügen kann, wenn sein Bewußtsein sie mit erfaßt. *Das Geheimnis eines umfassenden Verstehens im Erstinterview ist die Beteiligung der Persönlichkeit des Interviewers am Prozeß der Wahrnehmung.* Die aktiv eingeschaltete Wahrnehmungsfunktion kreist ähnlich einem Radarschirm und nimmt Informationen aus den objektiven Daten, dem Aussehen und Verhalten des Patienten, der eigenen Gefühlseinstellungen und den darauf erfolgenden Reaktionen und schließlich aus der Beobachtung der eigenen Formulierungen auf, die aus vorbewußten Denkabläufen stammen. Eine gute Kontrolle für die Integration der verschiedenen Wahrnehmungsbereiche ist die „Stimmigkeit", in der sich die Präzision der Gesprächsabfolge spiegelt. Erst die in dieser Sprache formulierten Inhalte dienen als Ausgangsmaterial für eine sekundäre Bearbeitung, denn es enthält als Kondensat die unbewußte Dimension der Persönlichkeit des Patienten. Die Rekonstruktion der unbewußten Persönlichkeit mit ihren Konflikten aus den Daten allein mit Hilfe des Wissens bleibt vieldeutig, spekulativ und kann zu Irrtümern führen, wie wir es an unserem Beispiel eindrucksvoll haben miterleben können.

Wir kommen auf unsere Gesprächspassage am Anfang dieses Buches zurück. Wir sagten, das „Ungewöhnliche der Gesprächssituation" kommt zustande, weil eine objektiv scheinbar unsinnige Mitteilung auf die Situation bezogen einen unerwarteten Sinn erhält. Vom Interviewer erwarten wir nicht nur das Verständnis für die Sprache des Patienten, sondern müssen fordern, daß er an dieser Sprachgestalt die spezifische Persönlichkeit des Patienten rekonstruieren kann. Der Interviewer soll nicht nur verstehen, was der Patient sagt, sondern darüber hinaus beurteilen können, wer die Persönlichkeit ist, die solches gesagt hat. Wir versuchen, den Patienten an seiner Sprache zu identifizieren, die wir im Gespräch von ihm übernehmen, und hören uns dann selbst sprechen: „Sie haben diesen bereits bekannten Zusammenhang aus der Erinnerung verloren, und ich habe ihn für Sie aufbewahrt." Wir versuchen, uns ein Bild davon zu machen, was das für eine Persönlichkeit sein muß, die ihre eigenen Äußerungen nicht wiedererkennt, sondern darauf angewiesen ist, sie von einer andern Person wieder zurückzuerhalten. Wir fühlen dann, daß es sich um einen Menschen handeln muß, der seine eigene Kontinuität nicht aufrechterhalten kann und keine spontane Fähigkeit hat, das Eigene wiederzuerkennen.